I0081954

UNE

PROMENADE HISTORIQUE

764

PARIS. — IMPRIMERIE ÉD. BLOT, RUE SAINT-LOUIS, 46

UNE

PROMENADE HISTORIQUE

PAR

ALPHONSE BALLEYDIER

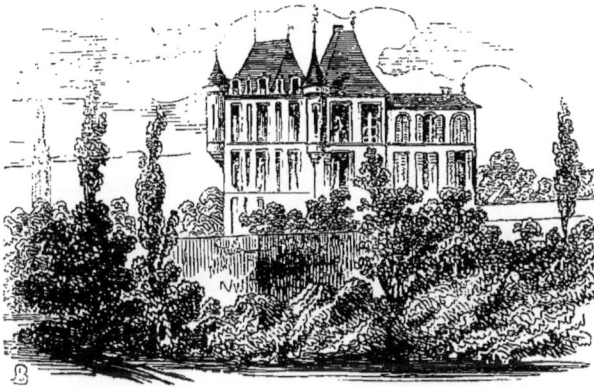

BIBLIOTHÈQUE IMPÉRIALE

PARIS

J. VERMOT, LIBRAIRE-ÉDITEUR

33, QUAI DES AUGUSTINS, 33.

1863

MARIE-ANTOINETTE, NAPOLÉON

I

Vienne, 14 avril 1852.

Marie-Antoinette, Napoléon ! Quels magnifi-
ques noms de reine et d'empereur ! L'un cou-
ronné par la beauté, l'autre par la gloire, tous
deux par le malheur ! Hier, j'ai retrouvé leurs
traces au palais de Schœnbrünn, qui servit de
berceau à l'enfance de la reine et d'étape aux
victoires de l'Empereur. L'action rapide du temps
n'a point effacé ces vigoureuses traces aux yeux
des fidèles voyants qui les recherchent avec
amour et foi ; il y a des empreintes qui sont éter-
nelles.

Ici un rosier flétri, mais jeune encore, là un
aigle brisé, mais fier toujours, indiquent la place

1

où la jeune princesse s'est épanouie parmi les fleurs, celle où le grand capitaine s'est reposé dans sa gloire.

Errant sur la plage d'Égypte, un vieux soldat romain recueillit un jour la cendre de Pompée; à son exemple, j'ai recueilli sur les bords poétiques du Danube des souvenirs chers à des cœurs français; je vous les envoie par ordre chronologique.

Schœnbrünn, d'abord simple rendez-vous de chasse de l'empereur Mathieu, fut converti en palais d'après les dessins du célèbre architecte Fischer, d'Erlach; plus tard, Marie-Thérèse complétant la pensée de l'artiste, en fit une des plus belles résidences princières d'Europe. C'est aux commencements du dix-neuvième siècle que les souvenirs les plus mémorables se rattachent au château. En 1801, l'archiduc Charles y transporta son quartier-général pour s'opposer aux progrès de l'armée française, qui, sous le commandement de Moreau, marchait sur Vienne. La reine Marie-Caroline de Naples y séjourna en 1803. L'empereur Napoléon y établit son quartier-général en 1805 et en 1809.

Le château de Schœnbrünn, placé comme un nid de fauvette au milieu des plus frais ombrages, renferme 1,441 pièces et 139 cuisines ; ce dernier chiffre ne semble pas surprenant à ceux qui savent que les heures du jour à Vienne, ainsi qu'en toute l'Allemagne, se comptent par le nombre des repas.

Parmi les pièces qui m'ont le plus impressionné se trouvent les salles d'apparat, remarquables par des peintures originales qui représentent les fêtes, les cérémonies de la cour au temps de Marie-Thérèse, les costumes et les portraits des personnages importants de cette époque. La grande salle de réception, dans laquelle on remarque une belle statue en marbre de la Prudence, possède les portraits de Marie-Thérèse, de Joseph II, de François de Lorraine et de Léopold.

Trois vastes pièces, somptueusement décorées de dorures, de tentures de l'Inde et de laques de la Chine, forment l'appartement qu'après l'empereur Napoléon, son fils, le duc de Reichstadt occupait à Schœnbrünn. La chambre du prince est simple mais élégante; elle se compose d'un ameublement de soie verte, d'une commode sans ornement et d'un canapé sur lequel le jeune duc, soutenu par son courage et par une vaine espérance, a si longtemps lutté contre la mort.

Nous avons admiré, en outre, un salon où l'on conserve précieusement sous verre des broderies qui n'ont d'autre mérite que celui de rappeler la main qui les a faites, pour se reposer du poids du sceptre, la main glorieuse de Marie-Thérèse ! On nous a montré, dans un salon voisin, des meubles recouverts avec les débris d'une robe gris-perle, brodée et longtemps portée par cette impératrice. Lorsque Marie-Thérèse quittait l'aiguille pour s'occuper des affaires de son empire, elle s'enfermait dans un cabinet impénétrable à tout autre qu'à ses ministres ; le célèbre chancelier d'État, prince Kaunitz, avait seul le privilége de travailler avec la souveraine ; les mystères de la politique bravaient alors le regard le plus pénétrant, l'oreille la plus fine, car les portes de ce cabinet occulte étaient si hermétiquement fermées, qu'à l'heure du repas, une table servie par une main invisible apparaissait devant le fauteuil de Marie-Thérèse : on voit encore la trappe qui dans ces occasions prêtait son ingénieux mécanisme aux secrets de la diplomatie impériale.

Le cicerone qui nous ouvrait les portes des appartements est un vieux serviteur de la famille impériale. « Ici, nous dit-il, en nous introduisant dans une petite pièce ornée d'une grande quantité de dessins originaux, il y avait autrefois une jeune princesse jolie comme une rose du mois de mai, et bonne comme un ange du bon Dieu. Elle se faisait admirer et chérir tout à la fois, car elle était aussi bonne que belle. Un jour... mon père, qui l'a beaucoup connue, m'en parlait encore quelque temps avant sa mort. Un jour, la jeune princesse quitta Schœnbrünn avec une larme dans les yeux pour le pays qu'elle abandonnait, et avec un sourire sur les lèvres pour la nouvelle patrie qu'elle allait voir... Elle partit pour la France; elle croyait y trouver le bonheur, elle y rencontra un échafaud... Vous êtes ici dans la chambre de Marie-Antoinette ! »

Le langage pittoresque de ce vieillard, la vue de cette chambre où l'enfant de Marie-Thérèse avait laissé ses rêves de jeune fille pour les

déceptions de la grandeur, sa couronne de
bluets pour la couronne de France, la mort
de Marie-Antoinette se rattachant tout à coup
à son berceau, nous inspirèrent une émotion
profonde.

Le vieillard reprit : « Voici la place où, près
de cette croisée, la jeune princesse a dessiné avec
une rare perfection pour son âge, ces douze
tableaux, précieux diamants que vous voyez
enchâssés dans la muraille. Ici se trouvait sa
table à ouvrage, là son clavecin ; à l'angle de
cette autre fenêtre, une cage ornée de feuillages
et remplie d'oiseaux. »

J'étais tellement ému, que je n'apercevais
pas cette signature, tracée par la main même
de Marie-Antoinette, au bas de chaque tableau :
Maria A. fecit. Une jeune femme qui se trouvait
avec nous, une Croate, princesse aussi par le
cœur, l'esprit et la grâce, Mme Amélie K..., me
la fit remarquer, en m'expliquant les sujets
traités par notre infortunée reine. Quatre représentent des vues d'intérieur, d'après la manière
flamande. Les autres sont de ravissants petits
tableaux de genre, représentant, l'un un poëte

grec appuyé sur un livre, l'autre des enfants se disputant des marrons, celui-ci une jeune fille jouant avec une tourterelle, celui-là un flûtiste, etc, etc.

La dernière fois que le duc de Raguse est venu à Vienne, et le jour même de son départ pour Venise, il s'est enfermé seul deux heures dans cette chambre. Lorsqu'il en sortit, nous dit notre cicerone, il était pâle, son front portait la trace d'une profonde tristesse, une larme même s'était égarée dans les rides de ses joues.

. . . .

II

Marie-Antoinette-Josèphe-Jeanne de Lorraine, archiduchesse d'Autriche, fille de François de Lorraine et de Marie-Thérèse, est née sous de tristes auspices, le 2 novembre 1755, le jour même du tremblement de terre de Lisbonne. Cette catastrophe, qui semblait jeter un sinistre présage sur la naissance de la princesse, devait, dans l'avenir, faire une certaine impression sur son imagination poétique.

Marie-Thérèse, déjà mère d'un grand nombre de filles, désirait ardemment un fils : « Vous, qui lisez dans l'avenir, dit-elle un jour à l'un de ses courtisans, dites-moi si j'aurai un fils ou une fille.

— Un fils, répondit sans hésiter celui-ci.

— Vous le croyez?

— J'en suis sûr.

— Et vous gageriez?...

— Ma tête.

— Elle me priverait d'un fidèle sujet si vous perdiez : gageons autre chose.

— Ce que Votre Majesté décidera.

— Deux ducats.

Deux mois après, l'impératrice devint mère de Marie-Antoinette. Fort embarrassé de la manière dont il devait s'acquitter, le courtisan en question alla trouver le spirituel abbé Métastase pour le prier de lui indiquer un moyen. Je n'en connais qu'un, dit l'abbé, en riant de la figure consternée du solliciteur.

— Quel est-il?

— Il faut payer.

— Payer! s'écria le courtisan; comment oserais-je donner deux ducats à l'impératrice?

— Rien de plus simple, répliqua l'abbé, vous enveloppez vos deux ducats dans un papier que je vais vous donner, et vous remettrez le tout à Sa Majesté.

— Ce papier aura donc une vertu providentielle?

— Vous allez en juger.

Alors l'abbé, tirant de sa poche un crayon, écrivit sur un feuillet de ses tablettes les quatre vers suivants :

> Ho perduto ; l'augusta figlia
> A pagar m'ha condannato,
> Ma s'è vero ch'a voi simiglia,
> Tutto 'l mondo ha guadagnato.

« J'ai perdu ; votre auguste fille m'a condamné à payer, mais s'il est vrai qu'elle vous ressemble, tout le monde a gagné. »

Le conseil fut suivi, et l'impératrice sourit à cette manière ingénieuse d'acquitter la dette contractée envers elle.

Dès sa plus tendre enfance, Marie-Antoinette révéla ce qu'elle devait être dans sa jeunesse et dans l'âge mûr. D'une délicatesse de sentiments égale à la noblesse de son âme, elle marquait chaque jour de sa vie par une vertu nouvelle ou quelque bonne action. Avec tous les dons de la nature, la vigilance et la sollicitude d'une mère telle que Marie-Thérèse, la jeune archiduchesse dépassa bientôt les espérances données par sa précoce intelligence.

Marie-Thérèse partageait son temps entre les devoirs de la souveraine et ceux de la mère ; elle surveillait elle-même l'éducation de ses enfants et assistait à leurs leçons. Les meilleurs maîtres furent chargés par elle de développer l'intelligence de Marie-Antoinette, d'orner sa mémoire, d'éclairer sa raison et de former son esprit. La jeune princesse ainsi dirigée fit des progrès rapides dans toutes ses études : elle savait le latin, le hongrois, parlait et écrivait très-élégamment l'allemand, le français, l'anglais et l'italien ; douée des plus heureuses dispositions pour les beaux-arts, elle dessinait à ravir, mais elle témoignait ses prédilections pour la musique.

Marie-Thérèse avait désiré surtout que sa fille héritât du courage, de la force d'esprit et de la persistance dans les projets dont elle-même avait donné des preuves éclatantes. « Ma fille bien-aimée, lui disait-elle souvent, inspirée par les mystérieux pressentiments de l'amour maternel, la vie est pour nous tous, souverains ou peuples, une épreuve qui commence au berceau et se termine à la tombe. Dans les bonheurs, soyez reconnaissante à Dieu ; dans l'adversité, souvenez-vous de moi. » Elle lui avait aussi appris à aimer les sujets fidèles qui, par leur courage et leur généreux dévouement, avaient raffermi son trône et sa couronne. Marie-Antoinette, encore enfant, leur prouva un jour que, si l'attachement et l'amour pour leurs souverains se transmettaient chez eux de génération en génération, la reconnaissance et la bonté se perpétuaient de même dans la famille impériale.

L'impératrice était malade, des militaires hongrois attendaient dans son antichambre le moment où il leur serait permis de lui présenter une requête.

L'archiduchesse, les voyant, entra chez sa mère et lui dit :

— Ma mère, vos amis sont inquiets de votre

santé, et désirent bien vous voir, car ils vous
aiment beaucoup.

— Eh! quels sont ces amis?

— Vos Hongrois.

— A merveille, ma fille; qu'on les fasse entrer
à l'instant.

Leur demande fut accordée séance tenante.

Mille traits de son enfance ne font pas moins
l'éloge du cœur de Marie-Antoinette que celui
de son esprit. Sa sensibilité compatissante s'étendait indistinctement à toutes les classes de la
société. Il suffisait d'être malheureux pour avoir
des droits à sa protection.

— Comment trouvez-vous cette robe? lui demanda un jour Marie-Thérèse, en lui montrant
de riches échantillons venus de France.

— Très-belle, comme tout ce qui vient de
Paris.

— Elle est pour vous...

— Merci, ma mère; cependant, je la trouve-
rais plus belle encore, si vous me permettiez de
la changer contre une plus simple.

— Pourquoi, ma fille?

— Pour donner la différence de sa valeur à

de pauvres petits enfants que j'ai vus hier dans une maison de Hietzing, et dont les habits en lambeaux m'ont empêché de dormir cette nuit.

Dans un hiver rigoureux qui suspendit les travaux publics, on s'occupait chaque jour dans les cercles de l'impératrice à trouver des ressources pour secourir la misère des ouvriers en chômage ; Marie-Thérèse elle-même, prenant l'initiative de toutes les mesures généreuses, trouvait dans notre jeune archiduchesse un concours toujours spontané. Un soir, qu'on avait dépeint sous de tristes couleurs la misère d'un des faubourgs les plus populeux, Marie-Antoinette, les larmes aux yeux, quitta le salon de l'impératrice ; mais, revenant aussitôt, le front rayonnant, présenta à sa mère une petite boîte, en lui disant : « Voilà quatre-vingt-dix ducats ; c'est bien peu pour tant de misère, mais c'est tout ce que je possède ; soyez assez bonne pour les faire distribuer à ces infortunés. » A cette offrande, elle ajouta une bague en brillants, que son père lui avait donnée, et à laquelle, par un sentiment de piété filiale, elle tenait beaucoup.

A l'âge de quatorze ans, Marie-Antoinette

aimait passionnément l'équitation (sa taille élégante et svelte se prêtait à tous les exercices du corps) ; elle affectionnait un cheval de selle fort beau, dont on voit le portrait dans une des salles de Schœnbrünn, et qu'elle avait surnommé *Gentil*. Elle n'hésita point à le faire vendre en secret pour secourir une famille pauvre qu'on avait recommandée à sa protection. Instruite de cet innocent mystère, l'impératrice lui adressa quelques reproches :

— Avant de prendre le parti de vendre votre cheval, vous auriez dû me consulter, lui dit-elle.

— J'y ai bien pensé, ma mère. .

— Pourquoi ne l'avez-vous pas fait?

— J'ai craint un refus. J'ai préféré des reproches.

Son cœur était si généreux, que sa cassette était aussitôt vidée que remplie. Un jour que l'impératrice lui faisait observer que la prodigalité non réfléchie était un défaut aussi grand que l'avarice : « Que voulez-vous, ma mère, répliqua-t-elle, l'or devient du feu dans ma poche, quand je rencontre un malheureux sur mon chemin; il faut bien que je m'en débarrasse, vous m'aimez trop pour désirer me voir incendiée. »

Une paix glorieuse avait terminé la lutte opiniâtre et la guerre combinée qui allumèrent dans le cœur de Marie-Thérèse l'énergie à laquelle l'empire d'Allemagne dut sa conservation et son salut. Alors Louis XV, après s'être montré ennemi redoutable, devint en même temps ami sincère et puissant allié. Ce fut pour cimenter d'une manière éclatante la nouvelle union des cabinets de France et d'Autriche, que le duc de Choiseul, premier ministre de Louis XV, fut chargé de demander à Marie-Thérèse la main de Marie-Antoinette pour le Dauphin de France. L'impératrice s'attendait depuis long-temps à cette demande que, dans l'intérêt de ses États, elle avait ardemment souhaitée : « J'ai élevé ma fille comme devant être un jour Française, répondit-elle au duc de Choiseul ; je vous prie de dire au roi qu'il vient de réaliser toutes mes espérances. »

Ce fut dans ces circonstances que l'abbé de Vermont se rendit à Vienne, auprès de l'archiduchesse, en qualité de précepteur. Cet ecclésiastique spirituel et de bon sens devait compléter une éducation à laquelle il ne manquait plus que la connaissance des détails relatifs à des usages étrangers, à des devoirs d'étiquette.

Les leçons de cet homme de bien ne firent que développer le sentiment de prédilection que Marie-Antoinette manifesta pour la France dès que ses yeux se posèrent sur une carte géographique. Bien longtemps avant l'arrivée de l'abbé de Vermont à Vienne, la comtesse de Brandeis, gouvernante de la princesse, la priait un jour d'indiquer avec son doigt sur la carte le pays qu'elle préfèrerait en Europe, si elle n'était point fille de Marie-Thérèse; son petit doigt se posa aussitôt sur la zone française. Sa gouvernante lui demandant la raison de cette préférence, elle répondit ; « Je préfère la France, parce que j'ai lu dans l'histoire que c'était le pays de l'esprit et du cœur, la patrie des fleurs et du soleil. »

Quelque temps après, Marie-Thérèse la questionnant sur le caractère des divers peuples de l'Europe et lui demandant celui sur lequel, reine, elle voudrait régner si la Providence lui réservait un trône :

— Le peuple français, répondit-elle aussitôt.

— Pourquoi, mon enfant?

— Parce que c'est sur les Français qu'ont régné saint Louis, Henri IV et Louis XIV.

— Développez votre pensée.... Pourquoi ces trois noms plutôt que ceux de Charlemagne, Philippe-Auguste, François Ier? la France est riche en noms, elle peut choisir.

— Parce que saint Louis représente à mes yeux la vertu, Henri IV la bonté, Louis XIV la grandeur.

Marie-Thérèse se plaisait à répéter cette réponse, dont elle avait été si enchantée, qu'elle avait prié l'ambassadeur de France de la transmettre au roi son maître.

Les grâces de la jeune princesse, l'ingénuité de son caractère, toujours égal, ses actes charmants d'esprit et de sensibilité, sa gaieté entraînante et communicative, lui gagnaient chaque jour davantage les cœurs des personnes qui l'entouraient. Chaque fois que sa gouvernante, la comtesse de Brandeis, se plaisait à raconter quelque nouveau trait à l'avantage de l'archiduchesse : « N'en parlons plus, s'écriait Marie-Thérèse; je perdrai bientôt la plus belle perle de ma couronne. »

2

III

Marie-Antoinette s'était si fortement attaché les cœurs, qu'à l'époque de son mariage, la joie de la voir Dauphine de France fut entièrement comprimée par la douleur qu'éprouvèrent les Viennois à la pensée d'une irrévocable séparation. On ne peut se défendre d'un secret sentiment de superstition en pensant à la nature des adieux de Marie-Antoinette à sa famille, aux gens de sa maison, à son pays.

Ce jour-là le ciel était sombre, voilé de nuages; on eût dit que le soleil avait caché ses rayons pour ne point éclairer le départ de la fille aimée des Césars. La douleur de la cour, comme celle du peuple, fut immense; elle se traduisit par des regrets universels et des larmes sincères. Le départ de Marie-Antoinette rappela moins l'idée d'une fête heureuse qu'il ne présenta l'image d'un jour de deuil; jusqu'aux frontières de la monarchie, il fut un convoi de deuil plutôt qu'un voyage d'hyménée. Plus d'une fois, malgré ses préoccupations, la pensée du tremblement de terre de Lisbonne revint à la mémoire de la future reine de France.

La douleur de Marie-Thérèse, en se séparant de l'enfant qu'elle appelait *la plus belle perle de sa couronne*, se trouve consignée dans cette admirable lettre que l'impératrice écrivit à son gendre.

« Votre épouse, mon cher Dauphin, vient de se séparer de moi. Comme elle faisait nos délices, j'espère qu'elle fera votre bonheur; je l'ai élevée en conséquence, parce que, depuis longtemps, je prévoyais *qu'elle devait partager vos destinées.* Je lui ai inspiré l'amour de ses devoirs envers vous, un tendre attachement, l'attention à imaginer et à mettre en pratique les moyens de vous plaire. Je lui ai toujours recommandé avec beaucoup de soin une tendre dévotion envers le maître des rois, persuadée qu'on fait mal le bonheur des peuples qui nous sont confiés quand on manque *envers celui qui brise les sceptres et renverse les trônes comme il lui plaît.*

» Aimez donc vos devoirs envers Dieu. Je vous le dis, mon cher Dauphin, et je le dis à ma fille:

aimez le bien des peuples sur lesquels *vous ré-gnerez toujours trop tôt.* Aimez le roi votre aïeul; inspirez ou renouvelez son attachement à ma famille. Soyez bon comme lui; rendez-vous accessible aux malheureux. Il est impossible qu'en vous conduisant ainsi vous n'ayez le bonheur en partage. Ma fille vous aimera, j'en suis sûre, parce que je la connais; mais plus je vous réponds de son amour et de ses soins, plus je vous demande de lui vouer le plus tendre attachement. Adieu, mon cher Dauphin; soyez heureux; je suis baignée de larmes. »

La veille du départ et de la dernière séparation, Marie-Thérèse fit appeler sa fille dans son cabinet de travail, dont elle défendit l'entrée même à ses ministres. Sur un de ces gestes, dont la dignité n'appartenait qu'à elle seule, Marie-Antoinette s'assit près d'elle sur une chaise basse; alors, l'impératrice, pâle et tremblante, pressa plusieurs fois sur ses lèvres les lèvres de son enfant, puis, après avoir apaisé avec ses larmes le feu de l'amour maternel qui dévorait son cœur, elle adressa d'une voix solennelle ces conseils sublimes à celle qui le lendemain devait la quitter pour toujours :

« Antoinette, ma bien-aimée, si j'étais née simple fermière, je pourrais jouir du bonheur que ma tendresse méritait; je ne vous perdrais point de vue, je vous établirais près de moi. Mais assise sur un trône et ne vivant que pour autrui, je suis réduite à m'imposer le plus terrible des sacrifices : je donne, je livre ma chère enfant, et je ne la reverrai de mes jours !

» Antoinette, en passant sur une terre étrangère, n'oubliez pas le bon peuple allemand qui vous a donné tant de preuves d'intérêt. En devenant la fille du roi de France, ne cessez point d'aimer cette reine de Hongrie qui vous a élevée sur ses genoux, et qui a besoin de tout son courage et de toute sa raison pour vous céder à un monarque étranger.

» Les grandeurs sont faites pour vous. Votre beauté, la nature de vos charmes, tout votre extérieur, vous y appellent; mais votre ingénuité naturelle, votre candeur, que j'aimais tant, sont un défaut chez les maîtres du monde. Apprenez à vous vaincre à cet égard. Loin de moi et de madame de Brandeis, obtiendrez-vous jamais un ami sincère et fidèle? Ne donnez votre confiance intime qu'à votre époux, et assurez-vous encore de la force de son caractère. Je vous ai fait lire attentivement les historiens où j'ai trouvé ce qui pouvait se rapporter à votre nouvelle position. Vous connaissez les imprudences naïves et les grands malheurs de la veuve de Henri IV. Les courtisans sont tous jetés dans le même moule; ils se ressemblent dans tous les temps.

» Ne faites cas de vos avantages extérieurs que parce que les peuples, et surtout les Français les aiment dans leurs souverains. Soyez toujours compatissante et miséricordieuse, dussiez-vous faire des milliers d'ingrats. La cour qui vous appelle et vous attend vous offrira moins de simplicité que la mienne. Le mouvement donné par Louis XIV s'y fait encore sentir quant à l'éclat et à l'appareil du dehors: mais les mœurs n'y sont plus les mêmes.

» N'approuvez que par bienséance, n'estimez que la probité. Aimez Louis XV qui sera votre roi, votre père. Il fut mon ennemi, il s'est fait mon allié. Attachez-vous à lui faire chérir de plus en plus mon alliance. Si vous lui convenez, le cabinet de Vienne lui conviendra.

« Écrivez-moi souvent : j'arroserai vos lettres
de mes larmes ; je n'écris point comme la mar-
quise de Sévigné, mais vous êtes plus parfaite
que sa chère fille, et je vous aime autant qu'elle
l'aimait.

» Ne vous prononcez sur rien tant que la
France conservera Louis XV. Si vous cessiez
un jour d'être Dauphine, faites qu'on n'aperçoive
point la reine : la loi salique ne veut qu'un roi.

» L'extrême timidité du Dauphin me donne
déjà des inquiétudes : rappelez, citez souvent
les grands exemples, faites que votre époux
agisse en roi. Tous les archiducs vos frères vous
chérissent : restez unis dans tous les temps. Cette
union fera votre force et aucun de vous n'en
abusera. Adieu, ma fille, mon Antoinette ; laissez
couler vos larmes sur les joues de cette tendre
mère à laquelle vous ressemblez tant. Puissiez-
vous n'éprouver jamais les tribulations de sa
triste vie. *Mais, dans tous les cas, rappelez-vous
que le courage est la vertu obligée des princes ;
qu'il les sauve souvent du péril et toujours de la
honte.* »

La nuit qui suivit cette scène solennelle fut

triste et sans sommeil pour l'impératrice et pour l'archiduchesse.

Que la nuit paraît longue à la douleur qui veille!

a dit un poëte du dix-huitième siècle. Marie-Antoinette était heureuse d'aller en France ; ses lèvres et son cœur souriaient déjà de loin à sa nouvelle patrie ; mais la pensée de sa mère, qu'elle ne devait plus revoir, la pensée de sa belle Allemagne, qu'elle devait quitter sans espoir de retour, assombrissaient son radieux visage. Dans son âme, le regret, luttant avec le désir, comprimait l'espérance. Elle se leva de grand matin, elle voulait revoir, une fois encore, ses fleurs et ses oiseaux ; elle embrassa les unes, elle rendit la liberté aux autres, disant : « Puisque ma main désormais doit vous être fermée, je laisse à Dieu le soin de vous donner votre pâture ; partez, mes bien-aimés ; et, si vos jeunes ailes sont assez fortes pour suivre votre jeune maîtresse, venez ; je vous donne rendez-vous en France. »

Enfin l'heure de la dernière séparation était arrivée ; elle eut lieu dans les formes accoutumées de la cour de Vienne ; la fermeté de

l'impératrice déguisait l'émotion de la mère :
mais, au tremblement nerveux de ses lèvres, à
la pâleur de son front, on voyait clairement
qu'elle faisait violence à sa douleur. Elle ne put
la comprimer davantage : l'héroïne qui n'avait
pas versé une larme devant la ruine imminente
de son puissant empire éclata en sanglots devant
la perte de son enfant. Ces derniers adieux furent
déchirants ; ils étaient, hélas ! les sinistres pré-
ludes des adieux de la tour du Temple.

Toute la population de Vienne suivit les car-
rosses de l'archiduchesse, qui marchaient au
pas, jusqu'aux limites de la banlieue, et la com-
bla de bénédictions, tandis que Marie-Thérèse,
prosternée au pied de son crucifix, demandait à
Dieu la résignation et la fermeté d'âme qui ne
l'avaient jamais abandonnée dans les mémorables
épreuves de sa vie.

Malgré tous les hommages qui l'attendaient
sur le territoire français, malgré toute la joie
qu'elle éprouvait de voir enfin le beau pays
qu'elle avait entrevu dans ses rêves d'enfant,
cette jeune princesse, âgée de quinze ans à peine,
voyait approcher avec une sorte de terreur le

moment où ses pas ne fouleraient plus le sol de l'Allemagne. Lorsqu'on lui montra la colonne de démarcation et qu'elle se vit sur le point de dépasser les frontières impériales, la pâleur de la mort se répandit sur son visage ; elle prononça le nom de sa mère, et s'écria avec douleur : « Mon Dieu ! je ne la verrai plus ! »

Les personnes de sa suite s'efforçaient de rendre la route agréable en la charmant par les distractions d'un long voyage ; une des dames qui l'accompagnaient lui dit en plaisantant : « Êtes-vous bien empressée de voir M. le Dauphin ? » A cette question indiscrète, faite à une personne sans expérience, Marie-Antoinette fit une réponse qui donne la mesure de son esprit. « Madame, répliqua-t-elle avec une dignité de Marie-Thérèse, je serai dans cinq jours à Versailles ; ajournons jusque-là ma réponse. »

Plusieurs historiens ont écrit que, pour recevoir l'archiduchesse d'Autriche, on avait préparé sur les frontières, près de Kehl, un très-beau pavillon, composé d'un vaste salon qui communiquait à deux appartements, l'un où devaient se tenir les seigneurs et les dames de la cour de

Vienne, l'autre destiné à la suite de la Dauphine de France. Ils affirment que lorsqu'on eut entièrement déshabillé la jeune princesse pour qu'elle ne conservât d'une cour étrangère pas même sa chemise et ses bas, les portes s'ouvrirent; qu'alors la princesse s'avança, cherchant des yeux la comtesse de Noailles, et s'élança dans ses bras, la suppliant, les larmes aux yeux, de la diriger, de la conseiller et d'être en tout son guide et son appui.

Ces assertions sont complétement fausses, le cérémonial observé à cette occasion fut celui-ci : une garde-robe remplie d'habits de toute espèce attendait Marie-Antoinette dans la première ville frontière de France. Là, elle revêtit les robes d'étiquette, et remettant, selon l'étiquette, aux personnes françaises de sa suite, celles qu'elle avait apportées, elle fit prévoir qu'en fait de décence et de modestie, elle donnerait des leçons à la cour la plus dissolue de l'Europe.

Toutes les villes de France, depuis la frontière jusqu'à Versailles, rivalisèrent de magnificence et de goût pour recevoir dignement la fille de Marie-Thérèse : les jeunes étudiants d'une ville de Champagne la complimentèrent en vers latins; mais quelle ne fut pas leur surprise et celle des professeurs, lorsqu'ils entendirent Marie-Antoinette répondre en latin ces graves paroles : « Je réponds en latin pour me conformer à votre belle harangue; mais soyez sûrs que la langue française est aujourd'hui celle qui plaît le plus à mon cœur, devenu français pour toujours. »

A quelques lieues de Châlons, un vieux curé, à la tête de ses paroissiens, s'approche de la voiture et commence une harangue par ce texte emprunté au Cantique des cantiques : *Pulchra es et formosa*. Il se trouvait au milieu de son discours lorsque, répétant son texte à la manière des orateurs, il ose élever sur la princesse des yeux qu'il avait tenus baissés par respect : aussitôt, à la vue de la beauté qu'il harangue, sa mémoire se perd, il balbutie, il s'arrête... Touchée de son embarras, Marie-Antoinette s'empresse d'accepter le bouquet qu'il tenait dans ses mains. Pénétré de cet acte de bonté, le curé, retrouvant sa présence d'esprit, reprit au même instant :

« Madame, ne soyez pas surprise de mon peu

de mémoire ! A votre aspect, Salomon lui-même eût oublié sa harangue ; il eût oublié l'Égyptienne ! et, avec bien plus de raison, il vous eût adressé ces mots : *Pulchra es et formosa.* »

« — Je m'aperçois que nous sommes en France, répliqua la princesse, dans ce beau pays où l'esprit est toujours au niveau du cœur. »

IV

Nous ne retracerons point l'itinéraire de Marie-Antoinette ; il est tracé et connu depuis longtemps. Nous constaterons cependant que partout elle subjugua tous les cœurs ; elle retrouva au centuple, en France, ceux qu'elle avait laissés en Allemagne. « Qu'ai-je donc fait, disait-elle aux personnes de sa suite, pour mériter tant d'amour ? oh ! comme je vais, en rendant aux Français tout l'amour qu'ils me témoignent, m'efforcer de m'en rendre digne ! »

« Entendez-vous ces acclamations ? lui disait une de ses dames d'honneur ! *Qu'elle est belle, notre Dauphine!* — Je les entends, répliqua la Dauphine, mais je suis sûre que les Français me voient avec les yeux de l'indulgence. »

Louis XV, accompagné de sa famille et de toute sa cour, se rendit au château de Compiègne pour recevoir sa *belle belle-fille*, ainsi qu'il se plaisait à l'appeler dans son intimité. En apercevant le monarque, l'archiduchesse d'Autriche, mettant pied à terre avec une grâce charmante, s'avança rapidement près de lui, et, se précipitant à ses genoux, lui baisa la main. Le roi, la relevant, la pressa sur son cœur et lui présenta le Dauphin, ivre de joie et de bonheur.

Ce fut le 16 mai 1770 que Marie-Antoinette, après s'être revêtue de ses habits de cérémonie, fut menée triomphalement à la chapelle du château de Versailles, et reçut dans la bénédiction nuptiale, le gage assuré d'un diadème, qui sur son beau front, devait bientôt se changer en une couronne d'épines.

Le même jour, à trois heures de l'après-midi, le ciel, pur et serein dans la matinée, se couvrit de nuages ; le vent sifflait dans les grands arbres du parc, de larges éclairs sillonnaient les nues,

et le tonnerre grondait sans interruption. La soirée fut triste, le feu d'artifice ajourné ; l'orage
éteignit les illuminations, et Marie-Antoinette ne
put s'empêcher de rappeler à la duchesse de
Noailles qu'elle était née le jour du tremblement
de terre de Lisbonne. Hélas ! un sinistre présage
marquait toujours les époques mémorables et
obscurcissait les grandes lignes de sa vie.

.   .   .   .

.   .   .   .

Quoiqu'elle n'eût pas encore atteint l'apogée
de sa beauté sans rivale à la cour de France, Marie-Antoinette avait une de ces figures plus frap-
pantes que régulières, et dont la physionomie,
les grâces et la distinction constituent le caractère. Ses grands yeux bleus, si doux, si sympa-
thiques, reflétaient avec la spirituelle bonté de
son âme cet esprit supérieur, cette délicatesse de
sentiments qui, chez les souverains, sont des at-
tributs d'état, et chez les individus une parure.
Son nez était légèrement aquilin. Son front élevé
formait dans son milieu comme une fossette pour
se dessiner carrément, comme tous les fronts des
princes lorrains. Son visage, d'un bel ovale, avait

une expression de franchise qui inspirait à la
fois le respect et la confiance. Elle avait les dents
fort belles, la bouche petite, mais la lèvre infé-
rieure un peu épaisse, comme celle de tous les
princes de la maison d'Autriche. Son teint avait
un éclat éblouissant. L'élévation de son cou fa-
vorisait le port majestueux de sa tête. Ses cheveux, d'un blond admirable, donnèrent naissance
à la mode la plus durable qui ait régné en France,
et qu'aient adoptée les pays étrangers. Longtemps
en Europe la beauté des femmes n'ambitionna
qu'une couleur, la couleur : cheveux de la reine.

Sa démarche, majestueuse sans affectation,
annonçait la princesse qui devait régner sur un
grand peuple. Mais ce qui semblait particulier à
la fille de Marie-Thérèse, plus gracieuse et non
moins belle que n'avait été l'impératrice au printemps de sa vie, c'était le charme inexprimable
qu'elle mettait dans ses manières et dans les discours obligeants qu'elle adressait aux personnes
honorées de son estime et de sa confiance.

Telle était Marie-Antoinette, lorsque, saluée
par les acclamations de la France entière, elle
parut sur le théâtre où, dans un court espace de

temps, elle devait éprouver toutes les faveurs et toutes les rigueurs de la fortune.

Issue par l'empereur son père de vingt-six ducs de Lorraine, Marie-Antoinette descendait par l'impératrice sa mère des souverains de cette puissante maison d'Autriche qui a donné treize empereurs à l'Occident. Ainsi, par le seul éclat de sa naissance, cette jeune princesse offrait au monde tout ce que l'estime et l'admiration des grands de la terre avaient ambitionné jusqu'alors. Fille des Césars, forte de l'alliance de toutes les puissances de l'Europe, vertueuse autant que belle, Marie-Antoinette devint, par le mensonge, la calomnie et la perversité des monstres, que des hommes non moins abominables dernièrement encore préconisaient en France, Marie-Antoinette devint la plus infortunée de toutes les créatures. Alors elle se vit réduite à regretter de ne pas être née la plus obscure des femmes. Étrange destinée, en effet, que celle de cette infortunée reine!

Du jour où la haine remplaça l'amour du peuple qu'elle aimait tant elle-même, les libelles, les trahisons, les émeutes, les ingratitudes, l'audace, d'une part; la faiblesse et les irrésolutions, de l'autre, agitèrent sa grande âme. Fille de Marie-Thérèse et digne de sa mère par le nom et la tête, elle eût pu résister à la Révolution si les exigences de la loi salique ne l'eussent fatalement condamnée à un grand titre sans puissance.

En Angleterre, elle aurait fortifié le trône comme Élisabeth; en France, condamnée fatalement à tomber avec lui, comme Louis XVI, elle ne put que se résigner, souffrir et donner, par sa mort héroïque, un exemple de ce que peuvent les passions révolutionnaires, encouragées par la bonté et la générosité de ceux qui gouvernent.

NAPOLÉON

I

Ainsi que celui de Marie-Antoinette, le nom de
Napoléon est écrit sur chaque pierre du château
de Schœnbrünn. C'est dans cette délicieuse résidence que, deux fois tenant en ses mains victo-
rieuses les destinées de la monarchie autrichienne,
le grand Empereur s'est reposé dans sa gloire (en
1805 et 1809). Les hommes qui, par leur âge et
leur position, ont pu assister de près à ces deux
époques, sont devenus fort rares, car eux aussi,
presque tous, se reposent... dans la tombe! Ce-

pendant plusieurs survivent encore aux désastres de la guerre et du temps qui ont emporté leurs contemporains : j'en ai vu quelques-uns, j'ai eu même l'honneur de m'entretenir longuement avec le plus illustre de tous, avec le vétéran de la diplomatie européenne, le prince de Metternich. Ces personnages, ainsi que les vieillards qui ont beaucoup vu, aiment à raconter les souvenirs qui se sont imprimés dans leur mémoire comme les faits dans un dictionnaire historique; dictionnaires vivants eux-mêmes ! Je les ai consultés, et ils m'ont appris, sur l'empereur Napoléon, quelques anecdotes dont le principal mérite est d'être peu ou point connues. Il n'y a pas de champ moissonné qui ne laisse quelque épi oublié à la glane. La gerbe des épis que j'ai pu recueillir moi-même, après tant d'autres qui ont passé avant moi, est légère, mais elle n'en sera pas moins, je l'espère, agréable aux cœurs français, qui ont conservé, à travers les révolutions de notre belle et malheureuse patrie, le culte des souvenirs.

L'empereur Napoléon affectionnait particulièrement Schœnbrünn, il aimait à s'isoler dans ses

jardins, dans ses parcs remplis d'ombre et d'oiseaux. Souvent, la nuit, lorsque que tout dormait
dans l'impériale résidence de Marie-Thérèse, il se
plaisait à s'égarer seul dans quelque mystérieuse
allée, pour caresser à son aise ses rêves de gloire,
pour contempler à travers les splendeurs infinies
du ciel l'étoile brillante qu'il considérait comme
l'image ou le symbole de sa fortune. Le vainqueur d'Arcole, de Marengo et d'Austerlitz aimait tellement Schœnbrünn, disent encore aujourd'hui les Viennois, qu'il aurait emporté à
Paris dans ses fourgons, s'il l'avait pu, le château, ses jardins, ses parcs et ses belles eaux.

L'Empereur allait rarement à Vienne, mais
Vienne venait souvent à Schœnbrünn pour
voir les belles troupes qui, après s'être fait admirer par leur courage dans la bataille, se faisaient admirer dans la victoire par leur modéra-
tion. Ces troupes manœuvraient plusieurs fois
par semaine dans la vaste cour du château, sous
les yeux de l'Empereur, qui, debout sur le perron, entouré de ses maréchaux, assistait au dé-
filé. La tradition a conservé le souvenir de la
place que l'illustre conquérant occupait ordinai-

rement sur ce perron : le pied vigoureux qui, après avoir écrasé la Révolution française, parcourait d'une marche rapide les capitales de l'Europe, a laissé une empreinte ineffaçable sur le granit foulé avant lui par le pied d'une femme que l'histoire a baptisée avec raison du nom de grand homme, Marie-Thérèse !

Pendant la première occupation, l'Empereur avait confié le commandement de la ville de Vienne au général Clarke, et laissé aux gardes bourgeoises le soin de la police ; il avait ordonné et fait observer la discipline la plus scrupuleuse ; sur ce point, sa sévérité inflexible frappait avec rigueur la moindre infraction ; il ne permit de toucher qu'aux propriétés de l'empire, telles que les arsenaux et les caisses publiques. Le grand arsenal de Vienne, le plus vaste de l'Europe, contenait des richesses considérables : deux mille canons et des armes suffisantes pour mettre cent mille hommes en état de combattre ; Napoléon s'en empara pour le compte de l'armée. Il est d'autant plus surprenant que l'empereur François n'ait pas fait évacuer par le Danube cet immense matériel, que, dans la prévision de l'occupation

de sa capitale, il avait fait mettre en lieu de sû-
reté plusieurs drapeaux enlevés aux bataillons
républicains, et quelques milliers de casques en
fer fleurdelisés, recueillis sous les murs de Pra-
gue, lors de la défaite du maréchal de Bellisle.

A son entrée dans Vienne, en 1809, l'Empereur
trouva les esprits beaucoup plus irrités qu'en
1805. De même que la lutte et le choc des armées avaient été plus considérables, la haine et
les antipathies des Viennois se manifestèrent avec
plus d'ensemble et de persistance. Ces sentiments
chez un peuple généreux qui voyait deux fois en
quatre années l'aigle napoléonienne planer vic-
torieuse sur la tour Saint-Étienne, et les bataillons français bivouaquer au sein de la capitale,
n'avaient rien de surprenant; Napoléon, qui possédait si bien le sens national, s'attendait à les
trouver au cœur des hommes que deux fois il
avait vaincus; aussi ne fut-il point étonné de voir,
à sa seconde rentrée dans Vienne, un bourgeois
s'élancer à la bride de son cheval, et adresser à
lui-même les plus vives invectives. Un instant
même, cet homme exaspéré, le saisissant par la
jambe, s'efforça de le jeter à bas de cheval.

Les officiers qui escortaient l'Empereur voulaient tuer ce furieux sur place, mais Napoléon retint d'un geste leurs bras prêts à frapper, et désarma, en quelques paroles, la colère du bourgeois qui s'était communiquée aux groupes formés sur le passage de l'armée. « Habitants de Vienne! leur dit-il, ne craignez rien; si les hasards de la guerre me ramènent une seconde fois dans vos murs, vous n'aurez pas à souffrir des maux qu'engendre ordinairement l'occupation étrangère; vous trouverez en moi un ami plutôt qu'un vainqueur exigeant. Vos biens, vos personnes, vos propriétés, vos familles, seront respectés, et il ne dépendra pas de moi que le drapeau de la France flotte trop longtemps sur la tour de votre métropole. »

A ces mots, prononcés d'une voix retentissante, les fronts, les regards perdaient leur expression hostile, et le bourgeois pardonné, admirant la magnanimité de Napoléon, témoigna en termes chaleureux le repentir de son action.

Malgré les ordres les plus sévères donnés pour maintenir dans l'armée une discipline stricte; malgré quelques exemples de vigoureuse répres-

sion, il arrivait cependant que les Viennois n'é-
taient pas toujours respectés dans leurs personnes et leurs propriétés ; dans ces occasions, peu
fréquentes à la vérité, l'Empereur rendait toujours responsables du délit les chefs immédiats
des coupables ; le châtiment alors ne se faisait
pas attendre, il était instantané.

Un jour, Napoléon, suivi seulement de deux
officiers d'état-major, se promenait à cheval sur
la route de Vienne, il portait, selon son habitude,
l'uniforme de colonel des chasseurs de la garde.
A tout autre regard qu'à celui des braves accou-
tumés à le voir, rien ne révélait en lui le vainqueur de l'Italie ; il venait de s'arrêter pour
admirer la vue lointaine de la tour de Saint-
Étienne :

— Quel malheur, disait-il, si les nécessités
de la guerre, qui m'ont fait bombarder Vienne,
avaient fatalement dirigé nos projectiles contre
ce chef-d'œuvre d'architecture gothique !

— Les artilleurs de Votre Majesté sont trop
habiles pour indiquer à leurs boulets une fausse
adresse, répondit un des deux officiers.

— Je suis de votre avis, monsieur, répliqua

l'Empereur, mais les boulets sont parfois aveugles, la nuit surtout.

Dans ce moment, une voiture découverte, dans laquelle se trouvaient un prêtre et une dame en pleurs, traversait la route entre l'Empereur et ses officiers : sur un signe, le cocher arrêta, et Napoléon, s'approchant de la dame désolée, lui demanda d'une voix brève :

— Où allez-vous, madame?

La femme, qui était jeune, murmura quelques paroles rendues inintelligibles par l'émotion et la frayeur.

— Ne craignez rien, madame, reprit l'Empereur en adoucissant le son de sa voix, les Français ne sont pas des Turcs.

— Oh! je le sais bien, colonel.

— Alors répondez-moi donc, où allez-vous?

— A Schœnbrünn, colonel.

— Qu'allez-vous y faire?

— Voir l'empereur Napoléon.

— Pour solliciter, sans doute?

— Oui, colonel.

— Quelque faveur?

— Non, colonel.

— Quoi donc?

— Justice.

— Il vous l'accordera, soyez-en sûre, madame, si l'objet de votre demande est fondé.

— Jugez-en vous-même. Des soldats français ont pillé ma maison de campagne, après avoir tué mon jardinier, brave homme qui avait vieilli au service de ma famille.

— L'Empereur vous donnera satisfaction, madame.

— Je l'espère, car il a connu beaucoup ma famille, et il lui doit même de grandes obligations.

— Motif de plus, madame, ajouta Napoléon en souriant.

— Oui, colonel, si l'oubli qui succède toujours à la grandeur n'a pas rendu ingrat le *petit écolier de Brienne.*

— Madame, répliqua sévèrement Napoléon, il y a des cœurs d'élite qui n'oublient pas; celui du *petit écolier de Brienne* est de ce nombre.

La jeune femme, intimidée par le changement de voix de son illustre interlocuteur qu'elle n'avait point reconnu, baissa les yeux et fondit en larmes.

— Quel est votre nom, madame?

— De Bunny, colonel.

— Je demande celui de votre famille, à laquelle le *petit écolier de Brienne* doit de si grandes obligations.

— Je suis la fille de M. de Marbeuf.

— M. de Marbeuf! s'écria l'Empereur en serrant dans ses mains la main de la jeune femme dont les larmes cessèrent tout à coup comme par enchantement.

— Oui, colonel, de M. de Marbeuf, ancien gouverneur de la Corse; auriez-vous connu mon père, colonel?

— Beaucoup..... de réputation; l'Empereur sera enchanté, madame, de vous recevoir à Schœnbrünn; je vais le prévenir de votre visite; l'un de ces messieurs vous introduira près de lui.

A ces mots, l'Empereur s'éloigna rapidement au grand galop avec un des officiers, tandis que l'autre escortait la voiture de la dame qui ne pleurait plus.

Trois quarts d'heure après, la solliciteuse fut introduite dans l'appartement de l'Empereur, qui avait conservé son uniforme de colonel.

— Soyez la bienvenue, madame, lui dit Napoléon en la faisant asseoir près de lui dans un fauteuil recouvert avec les débris soyeux d'une robe de Marie-Thérèse.

— Me sera-t-il permis de voir Sa Majesté? demanda madame de Bunny, la nuit ne tardera pas à venir, et je craindrais de m'aventurer seule avec un vieux prêtre sur les routes occupées par des soldats.

— Ne craignez rien, car vous ne repartirez pas seule, vous allez voir l'Empereur, mais auparavant regardez cela. Disant ainsi, l'Empereur ouvrit une petite boîte en bois de rose incrusté d'or, et la remit à la jeune femme, qui, joignant les deux mains, s'écria avec transport : — C'est le portrait de mon père !... Mais, par quelle circonstance, possédez-vous, colonel, une image si chère à mon cœur, la seule qui existe peut-être?

— Elle appartient à l'Empereur, qui, vous le voyez, madame, n'a *pas oublié dans sa grandeur ce que le petit écolier de Brienne devait de reconnaissance à la mémoire de monsieur votre père.* L'Empereur, ajouta Napoléon, n'est point oublieux; il professe même un culte religieux pour les souvenirs; regardez, madame, cet autre portrait, c'est celui du *petit écolier de Brienne*, devenu l'Empereur de la France.

— Grand Dieu! s'écria madame de Bunny en tombant cette fois aux pieds de Napoléon. Ce portrait est le vôtre, vous êtes donc?...

— Le *petit écolier de Brienne*, madame.

Au moment où madame de Bunny se relevait, un certain nombre de maraudeurs, arrêtés dans la matinée, furent amenés devant l'Empereur.

— Reconnaissez-vous dans ces gens-là, madame, lui demanda Napoléon, les hommes qui ont pillé votre campagne et tué votre jardinier?

— Oui, sire, répondit-elle sans hésiter : voici l'homme qui seul a frappé les coups; et, du doigt, elle désigna un déserteur saxon.

— Il suffit, ajouta l'Empereur; demain matin il sera fusillé...

Quant aux pillards, ils obtinrent leur grâce sur les instantes prières de la propriétaire volée. La solliciteuse, prenant congé de Sa Majesté, partit dans la soirée sous l'escorte d'une sauve garde : elle emportait pour souvenir, de Schœnbrünn, les deux portraits que l'Empereur lui avait montrés et offerts.

« Mes meubles sont brisés, ma caisse est volée, dit-elle en rentrant dans sa maison dévastée; n'importe, je suis plus riche que je ne l'étais ce matin : j'ai vu l'Empereur. Décidément, Napoléon est un grand homme. »

. . . . , , . .

Chaque jour, lorsqu'il s'était débarrassé du fardeau des affaires courantes, Napoléon explorait les environs de Schœnbrünn, quelquefois à cheval, souvent en voiture, presque toujours à pied. A cheval, il allait au galop dans un courant rapide comme sa pensée; en voiture, il lisait ou parcourait plutôt les livres qu'il jetait par les portières avant de les avoir terminés; de cette manière plusieurs collectionneurs de Vienne possèdent des ouvrages qui, des mains de l'illustre capitaine, ont passé dans les leurs. Napoléon aimait peu les rhéteurs, les philosophes et les demi-savants qu'il se plaisait à qualifier du titre de *savantasses :* « Les demi-savants, disait-il avec raison, sont dix fois plus dangereux pour la société et la science elle-même, que les ignorants. »

Un matin, un jeune homme muni d'une lettre d'audience et d'un long mémoire justificatif, se présentant à Schœnbrünn, est introduit dans la salle de réception.

— Êtes-vous le réclamant? lui demanda l'Empereur, après avoir parcouru en trois minutes le volumineux factum.

— Non, Majesté, je suis son neveu.

— Pourquoi votre oncle ne s'est-il pas présenté lui-même?

— Parce qu'il est trop vieux.

— De quel pays êtes-vous?

— De Paris, Majesté.

— Vous mentez, jeune homme, votre accent germanique trahit malgré vous votre nationalité.

— J'ai dit la vérité, sire. Tous les Viennois ne sont-ils pas devenus des Parisiens depuis que votre illustre épée a conquis leur ville?

— Cette réponse est spirituelle, dit l'Empereur en souriant et en examinant des pieds à la tête le demandeur; elle me plairait même, si elle n'était une flatterie coupable sur les lèvres d'un Viennois. L'histoire de Vienne, ajouta-t-il, est assez belle pour que les Viennois soient fiers et s'enorgueillissent d'avoir cette capitale pour berceau. J'aime beaucoup le peuple de Vienne, il est franc, humain, généreux ; moins positif que l'Allemand du Nord, il aime les plaisirs et la gloire, il a l'esprit de sa nationalité, il est fidèle et chevaleresque, il est attaché à ses souverains ; vous avez tort, jeune homme, de ne pas proclamer hautement votre qualité de Viennois. »

Après une pause de quelques secondes, Napoléon reprit :

— Quelle est votre profession, monsieur le flatteur?

— Pour servir Votre Majesté, je suis libraire.

— Libraire ! s'écria l'Empereur. J'aime peu les idéologues, mais j'aime encore moins les libraires, qui sont aux mauvais écrivains ce que les recéleurs sont aux escrocs. Je n'en excepte que les libraires honnêtes qui se respectent eux-mêmes en respectant les acheteurs, mais ceux-là sont fort rares.

— Que dirai-je, sire, à mon oncle, à mon retour à Vienne, si vous repoussez ma requête?

— Vous lui rendrez compte de cette conversation... Combien réclame-t-il pour indemnité?

4

— Trois mille florins.

— Je vérifierai ses réclamations, et, si elles me paraissent justes, je ferai distribuer aux pauvres cette somme à son intention. Allez, jeune homme, et croyez-moi, changez de métier, celui de libraire n'est pas le meilleur.

Il y a certaines époques où le duel, comme le suicide, devient une maladie contagieuse que nul remède humain ne saurait guérir, eût-il un Richelieu pour médecin et la peine de mort pour dérivatif. Cette maladie régnait avec fureur parmi les troupes françaises cantonnées à Vienne et à Schœnbrünn : elle dégénérait en véritable épidémie. Napoléon, plus habile praticien que le grand ministre de Louis XIII, parvint à la paralyser par cette courte proclamation mise à l'ordre du jour : « Tous officiers, sous-officiers ou soldats qui, pour une cause futile, se battront en duel *sur la terre étrangère*, seront proclamés lâches. »

Il existait en 1809, dans les environs d'Hitzing et tout près de Schœnbrünn, un vieil émigré qui, de l'armée de Condé, avait passé dans les rangs de la milice ecclésiastique; M. le baron de Montluc avait quitté le drapeau blanc pour la croix, et

le vieux soldat s'était fait prêtre, sans renier pour
cela sa foi politique. Un étendard fleurdelisé, un
sabre de cavalerie, une paire de pistolets, la croix
de Saint-Louis, suspendue par un ruban blanc à
la croix du divin Rédempteur, étaient les seuls
souvenirs qui lui restassent de son ancien métier ;
aussi les conservait-il avec une religieuse piété,
sans se douter qu'un jour ils pourraient l'exposer
à de nouveaux dangers. Ce jour était venu : en
effet, des soldats du corps de Masséna, exaspé-
rés de trouver dans l'humble demeure du prêtre
des trophées qu'anciens républicains ils considé-
raient encore comme les symboles de la tyrannie,
s'étaient portés à de graves excès contre la personne du baron de Montluc ; l'un d'eux même
l'avait frappé au point de le laisser comme mort
sur le terrain. Napoléon, instruit de ces violences,
fit traduire le coupable devant un conseil de guerre
qui le condamna à être fusillé ; informé à son tour
de ce jugement, le vieil émigré se traîna tout
meurtri à Schœnbrünn, et se jeta aux pieds de
Napoléon pour implorer la grâce du condamné ;
mais ses prières trouvèrent l'Empereur inflexible
devant ce qu'il appelait la nécessité d'un exem-

ple ; tout ce qu'il obtint fut un sursis de vingt-
quatre heures à l'exécution, sursis dont il profita
pour s'enfermer dans la prison du malheureux
soldat. Désespéré de n'avoir pu le sauver, il put
du moins le préparer à mourir. Le coupable tomba
repentant et résigné. Napoléon, apprenant la noble conduite du prêtre, résolut de lui témoigner
lui-même sa satisfaction ; le lendemain donc, accompagné du général Rapp, il se rendit à son
presbytère. A la vue de l'Empereur, le vieil émigré voulut faire disparaître l'étendard fleurdelisé,
mais l'Empereur l'en empêcha, et, se décou-
vrant avec respect devant le drapeau blanc, il
prononça ces mémorables paroles :

« — Les gloires de la France, n'importe les
couleurs dont elles se parent, sont chères à mon
cœur ; la bannière que vous cherchez à dérober
à mes regards est aux siècles passés ce que la
mienne sera aux siècles à venir, le symbole de la
gloire ! Je ne veux pas que les aigles fassent ou-
blier les lis ; mes aigles eussent été fières de planer sur les plaines de Marignan, à Nordlingue et à
Fontenoy ; le drapeau blanc a montré les chemins
de la victoire au drapeau tricolore ; il a rendu la

France puissante et forte ; il en a fait la reine du monde : il a abrité dans ses plis les plus grands noms de la monarchie ; ils seraient de mauvais Français, ceux-là qui l'oublieraient ; remettez donc cet étendard à sa place, monsieur, entre la croix de Saint-Louis et celle-ci que vous pourrez porter avec honneur aussi sur votre poitrine. »

A ces mots, Napoléon, détachant de son uniforme la croix qu'il avait créée au camp de Boulogne, l'attacha lui-même sur la soutane du vieux soldat qui avait combattu sous le drapeau d'Henri IV et de Louis XIV.

. . . .

Le baron de Montluc est mort en 1837, à l'âge de quatre-vingt-quatre ans.

II

Les Viennois n'aimaient point l'Empereur,
mais ils l'admiraient : ils courbaient difficilement leur front sous le joug du conquérant,
mais ils rendaient justice à l'élévation de l'intelligence et à la puissance du génie du capitaine.
Ils possédaient à un trop haut degré le sentiment de la nationalité pour courtiser le triom-
phateur, mais ils le vénéraient assez pour lui
témoigner en toute occasion l'hommage du respect qu'on doit aux natures supérieures : plusieurs fois même à leurs yeux, le conquérant
disparut dans le grand homme. Déplorant les
malheurs qu'entraîne toujours fatalement avec
elle la guerre étrangère et traduisant la cause

de ces malheurs par un seul nom, Napoléon,
ils savaient apprécier tout ce que ce nom renfermait de prestige et de merveilleux. Le temps,
qui détruit si facilement les souvenirs vulgaires,
n'a pas effacé cette appréciation. Les Viennois
de 1863 jugent Napoléon comme les Viennois
de 1805 et de 1808 l'ont jugé : ils le considèrent
toujours comme l'oppresseur de leur pays, mais
ils le regardent encore comme le plus grand
capitaine des temps modernes; leurs antipathies mêmes se sont adoucies devant l'expia-
tion et la tombe de Sainte-Hélène, ils ont mis
un crêpe sur leur haine; dans les images napo-
léoniennes qu'ils conservent dans leurs palais
et leurs chaumières, ils ne voient plus que
le héros. La grande figure de Napoléon couché dans son triple cercueil, est devenue
pour eux le type du génie, la personnifica-
tion vivante de la puissance humaine; c'est un
bon, un juste et noble peuple que le peuple
d'Autriche !

Dans les commencements du mois d'octobre
1809, par une pluie froide et neigeuse, l'Empereur, accompagné seulement de Rapp et de

Duroc, se rendit à Vienne ; silencieux et seul assis au fond de la voiture, il paraissait recueilli, livré à de graves réflexions : « Je voudrais bien savoir, dit à voix basse Rapp à son compagnon, ce que nous allons faire à Vienne. »

— Où donc nous conduisez-vous, sire ? demanda Duroc.

— A un rendez-vous funèbre.

— Pour quoi faire, sire ?

— Pour méditer sur le néant des grandeurs humaines ! »

Un quart d'heure après, la voiture s'arrêta sur la place du marché aux farines. Napoléon et les deux généraux, dirigés par des capucins portant des torches, s'engagèrent dans les longues galeries d'un cloître silencieux comme le sépulcre, et descendirent un escalier qui les conduisit dans les caveaux funèbres de l'impériale maison d'Autriche. Ce dernier asile des forts et des puissants était splendidement éclairé ; des flots de lumière ruisselaient sur des couronnes et des sceptres brisés ; l'Empereur, le front découvert, passa rapidement devant une double rangée de cercueils, et vint s'agenouiller devant le magnifique mausolée qui renfermait les cendres illustres de Marie-Thérèse.

— Le Napoléon de l'empire d'Autriche repose ici, dit-il en se relevant ; et il ajouta : Où reposera le Napoléon de la France ?

— A Saint-Denis, répliqua vivement Duroc.

— Saint-Denis ! s'écria Napoléon, n'est plus qu'une solitude profanée par la main de la Révolution ; le peuple en sa démence n'a pas même épargné les restes de Turenne, de Louis XIV, d'Henri IV ; d'Henri IV, le seul roi dont le peuple cependant avait conservé la mémoire.

Plus heureux que les rois de France, les empereurs d'Autriche n'ont pas à redouter la main sacrilége qui a jeté les cendres royales au vent : c'est une horrible chose que la Révolution.

— Dont vous avez fait justice.

— Ce sera, dans l'avenir, mon plus beau titre de gloire.

— La France ne l'oubliera jamais.

— Voilà donc, continua l'Empereur, en jetant ses regards sur la file des cercueils impériaux, voilà donc ce qui reste aujourd'hui des Césars qui ont rempli l'univers de leurs noms ! Un peu de poussière étendue sur un morceau de velours, une épitaphe tracée sur une plaque d'or par la main d'un courtisan, un cercueil de plomb pour dernier trône, de pauvres moines pour gardes d'honneur, rien de plus ! Et pour arriver là, que de larmes et de sang répandus ! que de calamités jetées au sein des nations ! O néant des grandeurs humaines, voilà donc ce que vous réservez un jour au vainqueur de Rivoli, des Pyramides, d'Arcole, de Marengo, d'Austerlitz, de Wagram !

Il n'y a qu'une seule chose de vraie ici, ajouta Napoléon ; et de la main, il montra la croix qui dominait les sceptres couchés sur les cercueils.

Il était trois heures du matin quand l'Empereur, qu'une première tombe attendait à Sainte-Hélène, rentra triste et silencieux à Schœnbrünn. Son regard d'aigle avait peut-être lu dans l'avenir.

Napoléon allait régulièrement tous les quinze jours à Vienne, pour visiter les hôpitaux et les ambulances où les blessés d'Essling et de Wagram avaient été transportés. Ces martyrs de la foi militaire étaient nombreux, car les deux batailles avaient été sanglantes, surtout celle de Wagram, la plus grande qui se fût livrée dans les siècles modernes. De trois cent mille hommes qui se trouvaient le matin en présence, quarante-quatre mille avaient été couchés sur le terrain par les feux de onze cents pièces de canon.

Les écrivains français et étrangers qui ont écrit l'histoire de cette mémorable époque ont oublié de constater la générosité du peuple autrichien après la lutte qui, pour la seconde fois, avait ramené avec des milliers de blessés les bataillons français au sein de la capitale. Qu'il nous soit permis de compléter ici cette lacune en rendant un juste hommage aux dames viennoises, généralement si remarquables par la bonté de leur excellent cœur. Nos malheureux blessés, admirablement traités par les médecins de l'armée, étaient héroïquement soignés par les femmes de la ville. De grandes dames, cachant sous l'humble tablier blanc de l'infirmière les illustres blasons de la naissance, et refoulant au fond de leur âme des sentiments de haine et de vengeance, avaient, du matin au soir, élu domicile dans les asiles de la douleur, pour prodiguer jour et nuit aux malades les soins du dévouement le plus éclairé. C'était une admirable chose que de voir ces grandes dames transformées en sœurs hospitalières, panser de leurs propres mains les blessures et s'efforcer de conserver la vie des hommes dont l'épée naguère leur avait tué, peut-être, un père, un époux, un frère ou un fils. La religion du Christ seule peut inspirer une telle vertu !

Chaque fois que Napoléon visitait les hôpitaux et les ambulances, il ne laissait échapper aucune occasion de témoigner son admiration et sa reconnaissance à ces nobles dames qui avaient écrit ces mots sublimes sur la porte des pieux établissements confiés à leurs soins : *La Charité ne reconnaît qu'une seule nationalité, la souffrance!* La vue de l'Empereur, s'arrêtant devant chaque lit pour adresser à celui qui l'occupait des paroles d'espérance et de consolation, produisait toujours un excellent effet sur l'esprit des malades. « Cette vue, disait le célèbre docteur Corvisart, est plus efficace que l'application de nos meilleurs remèdes. » Il est certain qu'un mot, un éloge, une récompense, accordés à propos par l'Empereur, produisaient dans l'état des blessés une réaction souvent favorable.

Le contact journalier de nos blessés avec de jeunes femmes aussi bonnes que belles donna lieu à plusieurs épisodes romanesques dont la tradition a conservé jusqu'à nos jours le souvenir. Il en est un entre autres que nos lecteurs apprendront avec plaisir. Un jeune lieutenant de cavalerie, nommé Rouf, Lyonnais de naissance, frappé d'une balle en pleine poitrine et abandonné, pour ainsi dire, par un chirurgien-major qui considérait sa blessure comme mortelle, se trouvait dans la zone d'une ambulance confiée au dévouement d'une jeune fille, âgée de dix-huit ans, nommée Lina Scheffer. « Quel malheur, avait-elle dit en apprenant la fatale sentence du docteur, quel malheur de voir mourir ainsi un jeune homme si bien et qui paraît si bon ! » Rouf, en effet, était remarquable par les avantages d'une figure mâle et régulière, et puis sa voix brisée par la souffrance était si douce à entendre, lorsque, dans l'égarement de la fièvre, il appelait sa mère ! « Il a sa mère encore, disait Lina chaque fois que ce nom si doux frappait son oreille. Pauvre femme! quel sera son désespoir en apprenant la mort d'un fils, dont, moins heureuse que moi, elle n'aura pu recueillir le dernier soupir et fermer les yeux! Oh! je veux le sauver, je le sauverai... » Et se jetant à genoux près du lit d'où le moribond appelait sa mère, elle priait Dieu avec toute l'ardeur de son âme. Elle pria si bien, et en même temps elle soigna son jeune malade avec tant d'intelligence, qu'au bout d'un mois le docteur, rétractant son terrible pronostic, échangea sa sentence de condamnation contre une parole d'espérance. Lina redoubla ses prières et ses soins; quinze jours plus tard, le jeune lieutenant put se lever.

— Soyez béni, mon Dieu! s'écria Lina, il est sauvé.

Il y avait sous les fenêtres de l'ambulance un vaste jardin rempli de fleurs et ombragé par de grands arbres, dessinant çà et là de verdoyantes allées.

Le lieutenant, en voie de guérison, s'y rendait chaque jour, appuyé sur le bras de sa jeune garde-malade. Bientôt la reconnaissance se changea chez Numa Rouf en une profonde tendresse. Ha-

bitué à voir un ange dans celle qui l'avait sauvé,
son affection pour elle était aussi pure que res-
pectueuse ; il ne voyait rien au delà. Une conversation suffit pour changer la situation. C'était un
soir, Lina, assise sur un banc de gazon, à l'ombre
d'un chêne séculaire, était triste et silencieuse ;
Numa devait rejoindre dans quelques jours son
régiment, cantonné à Schœnbrünn.

— Qu'avez-vous, Lina ? lui dit-il.

Lina ne répondit point, mais elle détourna la
tête pour dérober une larme qui perlait à sa pau-
pière. Numa ajouta : — Pourquoi me cacher la
cause de votre tristesse ? Ne suis-je plus votre ami ?
Vous aurais-je fait du chagrin sans le vouloir ?

— Oui, murmura Lina ; d'une voix tremblante....

— Lequel ?

— Vous devez me quitter bientôt, je ne vous
verrai plus.

Numa comprit sa jeune bienfaitrice.

— Je ne vous quitterai jamais, s'écria-t-il, en
se prosternant à ses pieds.

Le reste de la soirée s'écoula en des protesta-
tions affectueuses et des projets de bonheur ;

mais le bonheur ici-bas n'est pas chose ordinaire. Numa, simple officier de fortune, n'avait à offrir que sa réputation sans tache, son épaulette d'officier de chasseurs et sa croix d'honneur gagnée à Austerlitz; le père de Lina, riche commerçant de Trieste, lui refusa la main de sa fille; Numa, désespéré, retomba gravement malade; et cette fois, forcée de se soumettre à la volonté de son père, Lina n'eut plus la triste consolation de le soigner, elle dut quitter l'ambulance. Sur ces entrefaites, Napoléon apprit cette aventure; il fit prendre des informations sur le compte de Rouf; elles furent satisfaisantes, car Numa, aimé de ses camarades, estimé de ses chefs, était l'un des plus braves officiers de son régiment. L'Empereur, pensant avec raison que l'avenir militaire de ce jeune homme valait une fortune, fit aplanir les obstacles qui s'opposaient à son mariage. Le père de Lina, cédant à une haute volonté, accorda enfin son consentement. Numa fut au comble de la joie en apprenant de la bouche de l'Empereur cette heureuse nouvelle accompagnée d'un brevet de capitaine.

Huit jours après, le capitaine Rouf et Lina

Scheffer, prosternés tous deux sous la main d'un prêtre, dans l'impériale chapelle de Schœnbrünn, reçurent la bénédiction nuptiale sous les yeux de l'empereur Napoléon.

Quelque temps après sa visite aux tombes impériales de l'église des Capucins, Napoléon, se trouvant à Vienne pour passer la revue de ce qu'il appelait *sa noblesse militante* (il nommait ainsi les blessés du champ de bataille), apprit qu'un colonel de l'armée autrichienne, nommé Wever, frappé d'un coup de feu à Wagram, était mort la veille et devait être enterré à deux heures. L'Empereur regarda sa montre; elle marquait midi : « J'ai le temps, » dit-il, et il écrivit sur une feuille de ses tablettes ces deux lignes : « Le commandant de Vienne enverra à deux heures précises un bataillon en grande tenue devant l'église de Saint-Étienne.

» Signé : Napoléon. »

A deux heures précises et au moment où le convoi funèbre s'approchait de la cathédrale, le bataillon commandé se rangeait en bataille devant la porte principale de l'église et présentait

les armes au cercueil derrière lequel un colonel,
revêtu de l'uniforme des chasseurs de la garde et
un nombreux état-major d'officiers français suivaient avec recueillement : ce colonel était l'empereur Napoléon. Après la cérémonie religieuse,
à laquelle l'Empereur assista, le bataillon accompagna les restes mortels de l'officier autrichien à
sa dernière demeure, et fit feu sur sa tombe. Cet
hommage rendu par Napoléon à la mémoire d'un
ennemi tombé bravement sur le champ de bataille produisit un excellent effet sur l'esprit des
Viennois, qui en témoignèrent leur reconnaissance le jour même en envoyant à Schœnbrünn
une adresse de félicitations. C'est par des traits
semblables que le vainqueur transformait en
sympathie les sentiments de répulsion que les
Viennois devaient éprouver en présence d'une
occupation onéreuse

Napoléon avait réparti ses troupes entre Vienne
et le cercle tracé par l'armistice, de manière à ce
qu'elles vécussent largement et pussent, au besoin, se concentrer rapidement sur l'un des points
de ce cercle. Le général Marmont occupait
Krems. Le maréchal Masséna avait échelonné son

corps d'armée sur le territoire de Znaïm, qu'il venait de conquérir ; le maréchal Davoust avait cantonné le sien à Brunn ; le prince Eugène gardait la Raab ; le général Macdonald s'étendait entre Gratz et Leybach ; enfin, la jeune garde, sous les ordres du général Oudinot, s'était établie dans la plaine de Vienne ; la vieille garde et les chasseurs à cheval bivouaquaient à Schœnbrunn. La beauté de la saison et du pays, l'abondance des provisions et la régularité de la solde réparant les fatigues de la guerre, notre armée reparut florissante et superbe. Napoléon, prévoyant à tout, n'oublia pas les récompenses dues à la valeur et au dévouement ; il accorda aux corps, et surtout aux blessés, de nombreuses gratifications ; il nomma les généraux Macdonald, Marmont et Oudinot, maréchaux de France ; ce dernier qui, remplaçant Lannes à la tête du douzième corps, avait puissamment contribué au gain de la victoire, reçut en outre un témoignage flatteur de l'estime de l'Empereur. Napoléon lui offrit une pipe magnifique sur laquelle il avait fait graver cette inscription : *Quand il est quelque part, on n'a pour que pour lui.*

Parmi les gens employés au château de Schœnbrünn, se trouvait un vieux serviteur qui, malgré sa qualité d'architecte, ayant fait partie de la
garde royale suisse en France jusqu'au 10 août,
était revenu dans son pays pour mourir en paix
aux lieux de sa naissance ; Napoléon voulut voir
et interroger ce vieux débris de la fidélité militaire. Hermann portait au front la preuve qu'il
ne s'était pas épargné dans cette journée fatale
qui vit tomber le trône de la monarchie française. Il raconta à l'Empereur tous les événements dont ce jour-là il fut acteur et témoin,
jusqu'au moment où, la tête fendue d'un coup de
sabre, il eut le bonheur, dit-il, d'échapper à la
honte de livrer ses armes à de vils scélérats. « Oh !
si Louis XVI avait suivi les conseils de la digne
fille de Marie-Thérèse, dit-il, s'il n'avait point re-
culé devant la pensée de répandre le sang des
hommes, qui ne craignirent point, eux, d'en
verser par torrents ; s'il nous avait laissé faire,
enfin, nous l'aurions sauvé ; il ne se serait point
rendu au sein d'une assemblée hostile, qui devait
le transférer au Temple, pour de là le conduire
sur un échafaud ; qui sait même si le 21 janvier

serait devenu, dans l'histoire de la France, une date monstrueuse !

— Qu'êtes-vous devenu depuis le 10 août ? lui demanda Napoléon.

— Sauvé par un garde national nommé Lamy, recueilli mourant, et soigné dans son domicile, j'ai survécu au massacre de mes compagnons d'armes ; rétabli de mes blessures (j'en avais reçu sept le 10 août), je suis resté à Paris jusqu'au 16 octobre. Louis XVI avait été immolé, la reine le fut à son tour ce jour-là ; le lendemain je quittai la France et revins à Vienne. Voilà mon histoire, sire.

— C'est l'histoire d'un brave homme qui mérite une récompense ; laquelle veux-tu ?

— L'honneur de presser la main de celui qui a mis un terme à la Révolution française.

— Voici avec ma main, mon brave, un signe d'honneur qui n'aura jamais été mieux porté ; et, serrant dans sa main celle d'Hermann, l'Empereur lui remit la croix qu'il portait sur sa poitrine.

Un jour qu'il s'entretenait avec le prince de Metternich [1] de la Révolution française et de

1. Le prince de Metternich nous a raconté lui-même cette histoire.

ses conséquences sur les destinées de l'Europe, l'Empereur prononça ces mémorables paroles : « La Révolution française est un cataclysme que nulle puissance humaine n'aurait pu arrêter; si j'avais été à la place de Louis XVI j'aurais essayé de la combattre; je l'aurais peut-être vaincue, mais je n'en suis pas sûr; je suis certain, cependant, que je ne serais pas mort sur un échafaud. »

Napoléon faisait fréquemment des excursions dans les environs de Schœnbrünn, soit pour inspecter les différents corps de son armée, soit pour admirer les sites merveilleux et si renommés de la campagne de Vienne. Ce fut au retour d'une de ces excursions, par une soirée magnifique du mois de septembre, qu'il trouva étendue sur la route une femme en proie à de vives douleurs. C'était une paysanne qui, en dormant, était tombée de sa charrette et s'était cassé la jambe.

— Le proverbe est faux cette fois, dit l'Empereur aux officiers de son escorte; *le bien ne vient pas toujours en dormant.*

— Qui sait, répliqua Savary, si dans cet accident causé par un sommeil intempestif, cette femme ne trouvera pas la fortune?

Napoléon se reprochant en quelque sorte une innocente plaisanterie, en face d'un malheur, fit relever la femme blessée, ordonna qu'on la transportât dans sa propre voiture, et, se mettant lui-même vis-à-vis d'elle, il la fit conduire jusque dans sa demeure; chétive cabane, où une heure après, il envoya le chirurgien-major des chasseurs de la garde. La pauvre blessée n'avait point reconnu l'Empereur, qui ce jour-là portait le petit chapeau et l'historique redingote grise.

— Ah! le brave monsieur français, disait-elle, pendant que le chirurgien s'appliquait à résoudre la fracture, je lui dois la vie, car sans lui je serais morte sur la grande route; mais comment ferai-je, mon Dieu! pour vivre jusqu'au jour de ma guérison, et donner du pain à mes deux petits enfants, je n'ai pas dix florins.

— Tranquillisez-vous, lui répondit le chirurgien-major, le *monsieur français* qui vous a sauvée ne vous laissera mourir de faim ni vous ni vos enfants; tenez, ma bonne femme, voilà ce qu'il m'a chargé de vous remettre.

Disant ainsi, il déposa sur une table boiteuse et vermoulue une bourse, contenant mille francs en or. Mille francs! c'était une fortune pour celle qui de sa vie n'avait vu briller sous ses yeux et dans ses mains autant d'or.

— Ah! le brave monsieur français, répéta-t-elle en versant des larmes de reconnaissance, matin et soir, mes enfants et moi, nous prierons Dieu pour lui!

Chaque jour, pendant plus de deux mois, le chirurgien, d'après les ordres de l'Empereur, vint visiter la pauvre paysanne, qui, grâce à l'intelligence de ses soins, fut bientôt en état de reprendre le cours de ses travaux rustiques. Sa première pensée, dès qu'elle fut sur pied, fut d'aller à Schœnbrünn, avec ses deux petits enfants, pour témoigner sa reconnaissance au brave monsieur français; Napoléon, averti d'avance, la reçut avec bonté, s'informant des moindres détails de sa position; veuve depuis deux mois, elle avait perdu son mari, caporal d'un régiment de ligne, et mort à Essling sous les aigles d'Autriche, les larmes que cette pauvre femme versa en racontant cette perte cruelle, la vue de ses deux petits orphelins, ses témoignages de reconnaissance, touchèrent le cœur de Napoléon qui, se faisant connaître, lui remit une seconde somme de mille francs. La paysanne faillit mourir de joie.

Le proverbe dont l'Empereur avait douté un instant devait avoir raison; assurée désormais par sa munificence, la fortune élut domicile dans l'humble demeure de la pauvre famille, dont la cabane chétive, au toit de chaume, se convertit bientôt en une maisonnette blanche, entourée d'un petit verger, où l'on voit aujourd'hui, sous de beaux arbres fruitiers, jouer de beaux petits enfants. La paysanne, qui vit encore, est devenue grand-mère: matin et soir, prosternée au pied d'un crucifix près duquel se trouve une statuette en plâtre de Napoléon, elle prie Dieu pour son bienfaiteur, à la mort duquel elle n'a jamais voulu croire. La reconnaissance, chez les gens naïfs et simples de la campagne, est une vertu qui défie l'oubli et résiste aux ravages du temps.

III.

Il existe à quelques lieues de Vienne un magnifique monastère situé dans une belle position,
sur le Danube, à l'extrémité de la petite ville de
Klosternenburg. Les religieux qui l'habitent ap-
partiennent à l'ordre des chanoines réguliers de
Saint-Augustin. Avant les guerres et surtout
avant la révolution de 1848, qui a supprimé les
dîmes et les corvées, ce couvent était fort riche :
seule, la récolte annuelle des vins rangeait par
année commune cent mille pièces dans ses caves,
formant trois étages superposés et creusés pro-
fondément dans le sol. Il possède encore un trésor où l'œil du visiteur admire plusieurs merveilles
de prix et un grand nombre de souvenirs artis-

tiques, qui rappellent au présent l'histoire ou des légendes du moyen âge. Un jour, Napoléon accompagné de Murat, de Berthier et de Sébastiani, se rendit à Klosternenburg, et pénétra dans le couvent sans se faire annoncer ; les religieux, qui se trouvaient en ce moment au réfectoire, le reconnurent aussitôt :

« Vous êtes très-bien ici, leur dit l'Empereur ; achevez votre repas, car nous avons en France un proverbe qui défend de déranger les honnêtes gens qui dînent. »

Il visita le monastère dans les plus grands détails, admirant et critiquant tour à tour ce qui lui paraissait digne d'éloges ou de blâme : la vue du paysage, animé par les eaux rapides du Danube, lui plut beaucoup : ses demandes, ses réponses, ses observations charmèrent et surprirent à la fois les religieux prévenus, comme tous les Autrichiens, contre l'heureux conquérant :

— Quelle école suivez-vous en théologie, mon père, demanda-t-il au supérieur, celle de saint Augustin ou celle de saint Thomas ?

— Toutes les deux en ce qu'elles offrent de meilleur, répondit le bon prêtre.

— Je fais ainsi en toutes choses, répliqua l'Empereur; comme vous je suis de l'école éclectique.

— Il faut avouer, ajouta le religieux, qu'elle réussit admirablement à Votre Majesté.

— Votre monastère est-il riche?

— Non, sire.

— Pour quelle raison?

— Les charges de la guerre l'ont appauvri.

— Dans ce cas, monsieur, je ne vous demanderai que six mille florins en or, au lieu des vingt mille dont j'ai besoin.

Les religieux ne purent donner que deux mille florins en or, les autres furent offerts en papier.

Après avoir accepté une légère collation, et bu du vin de 1757, dans un verre que les chanoines réguliers ont gardé précieusement, Napoléon visita les caves, et rit beaucoup, à la vue d'un tonneau dont la capacité contient mille pièces, soit trois cent mille litres. Ensuite il visita le trésor, et se fit conter l'histoire d'un voile de femme conservé depuis des siècles dans un riche reliquaire; cette histoire l'intéressa, comme elle intéressera sans doute nos lecteurs. La voici :

En l'an de grâce 1200, le duc Léopold, sur le point de perdre une bataille qui devait décider du sort de ses États, descendit de cheval et se mettant à genoux, il jura sur la croix de son épée de construire une église si Dieu accordait la victoire à ses armes. Ce vœu fut sans doute agréable au Seigneur, puisque les ennemis, saisis tout à coup d'une terreur panique, prirent la fuite et subirent plus tard les conditions du vainqueur.

Dès lors le duc, songeant à s'acquitter du vœu qu'il avait fait en un jour de détresse, parcourut avec Agnès, sa femme bien-aimée, les environs de son château, car il voulait choisir un lieu digne du temple que sa reconnaissance devait élever au Seigneur. Son indécision entre la variété des sites enchanteurs qui entourent Vienne durait depuis plusieurs mois, lorsqu'un soir, se promenant avec sa compagne, Agnès lui dit :

— Il est temps, seigneur, de vous décider à tenir la promesse que vous avez faite à Dieu ; un plus long retard pourrait nous porter malheur.

Dans ce moment, une forte brise, s'élevant, enleva le voile de la duchesse et l'emporta au loin.

— Cette brise n'est pas naturelle, dit le duc; n'avez-vous pas senti, quand elle a passé sur votre front, un parfum mille fois plus embaumé que l'encens qu'on brûle le dimanche dans votre chapelle?

— C'est peut-être un avertissement céleste, répondit Agnès, suivons la direction de la brise, et là où elle aura déposé mon voile, nous ferons construire l'église que vous devez à Dieu.

— Qu'il soit fait ainsi, ajouta le duc, et pendant plus d'une heure il marcha dans la direction du vent; mais toutes ses recherches furent inutiles; la nuit survint, sans qu'il eût aperçu le voile enlevé par la brise au front d'Agnès. Comme il avait préparé pour le lendemain une grande partie de chasse, il songea à la contremander pour continuer ses recherches; mais la duchesse l'en dissuada, disant que son ange gardien conduirait ses pas vers l'endroit où son voile s'était arrêté. Le lendemain donc, de grand matin, les échos des forêts voisines se réveillèrent au son du cor, et Léopold, en compagnie de ses principaux officiers, se mit en chasse. Le jour commençait à baisser et il avait battu les plaines et les mon-

tagnes sans être plus heureux que la veille, lorsque tout à coup une biche blanche apparut devant
lui. Ses yeux brillaient comme deux étoiles et
une croix lumineuse resplendissait au milieu de
son front. Le duc se signa au nom du Père, du
Fils et du Saint-Esprit, et il suivit la biche, qui se
dirigea vers le sommet d'une hauteur où les voix
des chiens hurlaient d'une étrange manière. Il
était sept heures; le jour avait disparu, mais la
lune répandait sur la montagne une clarté plus
éclatante que celle du soleil. La biche marchait
toujours; enfin elle s'arrêta au point culminant
de la montagne, devant un chêne vert. A sa vue,
les chiens qui entouraient l'arbre cessèrent leurs
aboiements; et, loin de s'élancer sur la biche, ils
se couchèrent à ses pieds avec les marques d'une
mystérieuse terreur. Les yeux étoilés du mystérieux animal, fixés sur le chêne vert, semblaient
ouvrir un chemin au regard du duc qui, levant
la tête, aperçut à l'un des rameaux de l'arbre le
voile de la pieuse duchesse. La biche disparut
aussitôt.

. . . .

L'église que l'on voit encore sur les hauteurs

du Léopoldsberg est l'accomplissement du vœu du duc Léopold. Le voile blanc que l'on voit au monastère de Klosternenburg est le voile de la duchesse Agnès.

Avant de prendre congé des chanoines de Klosternenburg,. Napoléon donna l'ordre au père procureur d'envoyer à Schœnbrünn huit mille pièces du meilleur vin qu'ils possédaient dans leurs caves, qui contenaient à cette époque cent vingt mille tonneaux. Un intendant, nommé Müller, fut désigné pour expédier cette opération. Le surlendemain, l'Empereur, passant la revue de sa garde dans la cour de Schœnbrünn, vit arriver les huit mille pièces demandées ; il en fit aussitôt défoncer une, et, prenant un verre des mains de Savary, il porta ce toast : « Je bois à la France et aux braves soldats qui, par leur indomptable valeur, l'ont placée *la première au premier rang des nations !* »

Un immense cri de « Vive l'Empereur ! » se fit entendre sur toute la ligne.

En vidant son verre, Napoléon avait froncé le sourcil, car le vin qu'il venait de boire était d'une qualité secondaire, et ne ressemblait en rien à celui qu'il avait dégusté la veille ; il fit aussitôt appeler l'intendant et lui demanda l'explication de ce changement. Müller répondit en pâlissant que la cause de ce changement ne pouvait être attribuée qu'à la fatigue du transport par une température fort élevée, et que deux jours de repos rendraient au vin sa qualité première. Cette réponse satisfit d'autant moins l'Empereur que les deux jours de repos s'écoulèrent sans produire les résultats annoncés : les vins restèrent détestables. Napoléon envoya aussitôt Savary à Klosternenburg pour adresser les plus vifs reproches aux chanoines ; ceux-ci, qui s'étaient conformés strictement aux ordres reçus, n'eurent pas de peine à prouver qu'ils avaient envoyé leurs meilleurs crus. Les soupçons de Savary se portèrent alors sur Müller, dont plusieurs fois déjà il avait suspecté les actes. Voulant avoir le dernier mot de cette affaire, il interrogea les voituriers qui avaient transporté les huit mille pièces, et il apprit par l'un d'eux que les vins avaient passé par Vienne pour se rendre à Schœnbrünn. Savary n'en demanda pas davantage ; il remonta aussitôt à cheval et s'élança au grand galop sur la route de Vienne. Les informations qu'il rapportait de Klosternenburg le mirent sur la voie de la vérité. Avant la fin de la journée, il apprit que Müller avait changé les meilleurs vins des chanoines contre une pitoyable boisson, et avait réalisé de cette inique transaction un bénéfice de cent vingt mille francs. En apprenant cette nouvelle, l'Empereur devint furieux; l'intendant fut arrêté le soir même et traduit dans la nuit devant un conseil de guerre.

A cette époque, la justice était expéditive. Müller avoua tout : le conseil de guerre le condamna à la peine de mort. Quelques membres du tribunal militaire voulurent qu'il fût pendu sur un tonneau; l'un d'eux même proposa qu'il fût noyé comme un chien, une pierre au cou, dans le Danube. L'Empereur décida qu'il serait fusillé dans les vingt-quatre heures, après avoir été dégradé de ses insignes. Müller subit sa peine dans la cour même et devant les caves du couvent de Klosternenburg.

L'Empereur ne se contentait pas de passer des revues à Schœnbrünn, il visitait souvent les différents corps d'armée qui occupaient les environs de Vienne. Surpris une fois par un violent orage, il se réfugia, ainsi que sa suite, dans une cabane voisine. Les éclairs et les éclats de la foudre se succédaient sans intervalle ; le ciel était tout en feu.

Dans un coin de la cabane, sur un monceau de feuilles sèches, recouvert d'un lambeau de toile, se trouvait couché un petit enfant malade. Sa mère, jeune femme que la présence inattendue de Napoléon fit tressaillir, cherchait à réchauffer ses lèvres par le feu de ses baisers maternels.

Napoléon s'approcha d'elle, et, l'interrogeant avec bonté, il apprit qu'elle était Égyptienne. Son histoire était une élégie qu'elle raconta en peu de mots. Après avoir perdu son mari dans une bataille, elle était venue en Autriche en traversant différents pays. Une personne riche et charitable lui avait fait don de la chaumière qu'elle habitait et où il lui avait été prédit depuis longtemps qu'un jour s'abriterait aussi contre l'ouragan du ciel la plus grande majesté de la terre. L'Empereur sourit à ce compliment oriental, et, lui prenant la main, il lui demanda quelle rente suffirait pour la mettre à l'abri de la misère, elle et son fils; elle répondit que deux cents francs seraient une fortune pour son enfant.

— Deux cents francs! s'écria Napoléon, vos désirs sont trop modestes... je vous donne une pension de douze cents francs et je me charge de l'éducation de votre fils.

La pauvre femme se jeta aux pieds de l'Empereur et les couvrit de larmes.

— C'est la première fois, dit Napoléon en remontant à cheval, que j'ai mis pied à terre pour éviter un orage; j'avais le pressentiment qu'une bonne action m'attendait là.

Par une de ces nuits d'insomnie qui, pour lui, étaient si fréquentes, Napoléon réveilla Roustan, revêtit son uniforme de chasseur, et, couvert d'un manteau blanc de cavalerie, il descendit dans les jardins de Schœnbrünn. La nuit était calme, le ciel parsemé d'étoiles; le repos de la terre endormie n'était interrompu que par le bruit des pas des sentinelles ou par le chant des rossignols. L'Empereur paraissait soucieux. Qui sait? cette nuit-là peut-être il rêvait

au Kremlin! Après s'être promené silencieuse-
ment près d'une heure sous les grands arbres
qui jadis avaient abrité Marie-Thérèse et Marie-
Antoinette, il songea à rentrer au château.
Avant de remonter dans son appartement, il
entra, sans être aperçu, dans le corps de garde
situé dans la grande cour. Les hommes, en attendant leur tour de faction, dormaient sur le lit
de camp; le sergent et deux caporaux, le dos
tourné à la porte, jouaient aux cartes, et se
plaignaient des passe-droits. L'un d'eux, surnommé l'Empereur par ses camarades, disait :
— J'ai mérité cinq fois la croix d'honneur.
— Moi, disait le second, je mériterais bien aussi
une récompense, j'ai tué cinq uhlans de ma
main et délivré mon capitaine.

— Et moi, j'ai pris un drapeau à l'ennemi,
un drapeau qui m'a valu cinq blessures.

— Ah! si le petit tondu connaissait nos
droits, s'écria le sergent, j'aurais un bel atout
dans mon jeu au lieu de ce mauvais sept de pique !

— Et moi, fit Crépin, au lieu de ce méchant
dix de carreau, j'aurais l'atout que je mérite pour
tous les ennemis que j'ai couchés sur le carreau.

— Bien joué, Crépin ! s'écrièrent, en riant de son mauvais jeu de mots, les adversaires de Crépin.

— Moi, continua le caporal l'Empereur, j'aurais à la place de cet as de cœur la croix que le colonel m'a promise à Iéna.

— De quoi te plains-tu, reprit le sergent, n'es-tu pas content d'être empereur ? Ne peux-tu pas tout ce que tu veux ? Allons, sire, accordez-nous les récompenses que nous donnerait le petit tondu s'il nous connaissait.

Le caporal prit une carte et avec la plume du corps de garde il écrivit :

« Le sergent Beauvoir est nommé sous-lieutenant dans la garde ; le caporal Crépin est nommé sergent dans la compagnie du sous-lieutenant Beauvoir.

« Fait au château impérial de Schœnbrünn, le 10 septembre 1809.

» Signé, L'EMPEREUR. »

— Il manque un nom à cette signature, s'écria le véritable Empereur, en se montrant

tout à coup; et, prenant la plume, il ajouta
à la suite du mot *l'Empereur*, celui-ci : Napoléon. Quant à vous, sire, ajouta-t-il en s'adressant à son homonyme, vous recevrez demain,
à l'heure de la parade, la croix que vous
méritez. En attendant, voilà pour arroser vos
promotions. A ces mots, Napoléon jeta sur
la table cinq pièces d'or frappées à son effi-
gie, et il se retira, suivi par les cris de : *Vive
l'Empereur !*

— La retraite est battue depuis une heure;
pourquoi ces lumières et ces chants dans la
cantine numéro 4? demanda un soir Napoléon à
Savary.

— Je l'ignore, sire.

— Allez vous en informer.

Savary partit et revint cinq minutes après en
riant :

— Tout est en règle, dit-il, mais Votre
Majesté ne devinerait jamais à quoi les gro-
gnards de sa garde sont occupés en ce moment.

— Puisque je ne pourrais le deviner, racon-
tez-le-moi.

— A célébrer la délivrance de la mère la Victoire qui vient de mettre au monde un enfant superbe, un vrai luron.

— Quelle est donc cette mère la Victoire?

— Une Normande, cantinière dans votre garde, sire.

— Que fait son mari?

— Il dort cinq pieds sous terre, car le canon d'Essling a sonné pour lui la retraite définitive.

— C'est bien, j'aurai soin de son enfant.

— Le régiment veut épargner cette peine à Votre Majesté, car les sous-officiers l'ont adopté; ils en feront un solide gaillard, soyez-en sûr. Ils ont commencé son éducation par lui faire sucer une gousse d'ail et boire une goutte de vin.

— Comme Henri IV; il paraît que les sous-officiers de ma garde connaissent l'histoire!

— Ils prétendent qu'avant l'âge de dix ans le mioche portera des moustaches.

— Quand le baptême aura-t-il lieu?

Dans ce moment, un bruit confus comme celui d'une lutte s'éleva du côté de la cantine. Napoléon et Savary s'y rendirent à l'instant : les sous-officiers formaient deux groupes fort animés et prêts à en venir aux mains ; au milieu, le tambour-major et le caporal des sapeurs se faisaient remarquer par leur exaltation et se défiaient du geste. Dans un coin de la cantine, le fils de *la Victoire*, les lèvres barbouillées d'ail et de vin, criait comme un chat écorché. L'apparition inattendue de l'Empereur apaisa ces cris discordants.

— Que signifie cet affreux tapage à une pareille heure ? demanda-t-il d'un ton sévère.

Les sous-officiers auraient voulu se trouver, comme le défunt mari de l'accouchée, à cinq pieds sous terre.

— Parlez donc ! reprit Napoléon.

— Voici le motif *de la raison de la cause*, sire, dit un vieux sergent décoré de la croix des braves et d'une large balafre en plein visage. La mère la Victoire que voilà couchée, sauf le respect que je vous dois, a mis au monde le poupon que voici... Comme le mioche a perdu son père à Essling, le régiment l'a adopté, et, en attendant qu'il se fasse tuer à son tour pour Votre Majesté, le tambour-major ici présent et le sapeur idem se disputent la *parrainelé* du marmot. Le sabre allait décider le différend, quand Votre Majesté a paru.

— Ils ne seront parrains ni l'un ni l'autre, dit Napoléon.

— Il lui en faut un, cependant, sire !

— Je me charge de le lui trouver. Quand le baptême doit-il avoir lieu ?

— Demain, à cinq heures et demie du matin.

— Il suffit ; maintenant, sapeur, donnez votre main au tambour-major, embrassez-vous et que ça finisse.

La réconciliation ayant été ainsi conclue, l'Empereur s'approcha du lit de l'accouchée :

— Mère *la Victoire,* lui dit il tout bas à l'oreille, comme vous portez un nom qui m'appartient, je serai le parrain de votre fils. Le voulez-vous ?

— Si je le veux ! s'écria la cantinière, en faisant un effort pour sortir du lit et se jeter aux pieds de Napoléon, qui la retint ; si je le veux !.. Vive l'Empereur !

Napoléon se retira, tout rentra dans l'ordre à la cantine, et, le lendemain, ainsi qu'il l'avait

promis, l'Empereur tint sur les fonts baptis-
maux le petit enfant, qui fut appelé Napoléon
Schœnbrünn.

IV

Quelques jours après la bataille de Wagram,
l'Empereur avait reçu un rapport qu'il lisait
avec satisfaction, au moment où le général
Rapp entrait dans son cabinet : « Eh bien !
Rapp, lui dit-il, sais-tu que nous avons des partis
jusqu'au fond de la Bohême ?

— Oui, sire.

— Sais-tu quelle cavalerie a enlevé des postes
et pris des magasins ?

— Non, sire.

— Nos fantassins, perchés sur des chevaux
de trait.

— Comment cela ?

— Tiens, lis toi-même.

Et remettant au général le rapport, celui-ci
put s'assurer de la vérité du fait. Des détache-

ments, qui avaient pénétré en Bohême, s'é-
taient tout à coup trouvés dans un pays découvert;
ils n'avaient qu'une vingtaine de dragons; ils ne
voulaient point rétrograder et n'osaient pénétrer
plus avant. Dans cette perplexité, le chef imagine
un expédient : il réunit les chevaux de bagage,
monte ses fantassins, et les lance ainsi équipés à
travers les épaisses forêts qui avoisinent Egra. Des
partis de cavalerie vinrent à leur rencontre, mais
ils furent culbutés et laissèrent en notre pouvoir
des hommes, des chevaux et des approvisionne-
ments.

—Eh bien! que te semble de cette nouvelle espèce de cavalerie? dit l'Empereur en reprenant
le rapport des mains de Rapp.

— Admirable, sire.

— Le sang français, ajouta Napoléon, est la
rosée de la gloire.

Malgré la discipline sévère que les lieutenants
de Napoléon faisaient observer dans l'armée,
malgré même quelques exemples rigoureux, il
arrivait de temps en temps que des soldats pris
de vin commettaient des excès et faisaient sentir
le poids de la conquête aux malheureux habitants

des pays occupés. Ces abus de la force étaient aussitôt punis que connus, et le châtiment répondait toujours à l'importance du délit. Les coupables échappaient-ils aux investigations de la justice, l'Empereur ne manquait jamais de réparer le mal commis, par une de ces réparations généreuses dont lui seul possédait le secret.

Un paysan de Dobling se rendit un matin à Schœnbrünn pour parler à l'Empereur. Admis aussitôt en présence du glorieux capitaine, le bon paysan fut tellement ému, qu'il oublia complétement le but de sa visite ; il ne put d'abord trouver une seule parole pour exposer la plainte qui l'avait conduit au château. Rassuré à la fin par l'air de bonté répandu sur le front de Napoléon, qui, ce jour-là, était de fort bonne humeur, il raconta que des soldats isolés lui avaient tué, à coups de fusil, un âne qui broutait dans son pré ; cet âne était son gagne-pain ; le matin il portait à la ville les légumes de son champ et le lait de sa vache ; trop pauvre pour le remplacer, il se voyait ruiné et dans l'impossibilité de nourrir sa nombreuse famille. Tout en écoutant le bonhomme, Napoléon écrivit quelques lignes et les fit porter à l'aide de camp de service, puis il congédia le plaignant, rassuré par ces consolantes paroles :

— Retournez chez vous, justice vous sera rendue.

Le paysan se remit en route pour Dobling. Sa femme l'attendait sur la porte de sa maison ; elle était rayonnante de joie. Le paysan lui en demanda la raison ; mais pour unique réponse, celle-ci le conduisit dans l'écurie où, près de l'âne mort, étendu sur la litière, il aperçut un superbe cheval attaché au râtelier. La belle bête avait été amenée par un palefrenier revêtu de la livrée de Napoléon.

— Les Français ne sont pas si mauvais diables qu'ils en ont l'air.

— Je crois bien, répondit sa femme, leur Empereur *nous envoie une poule pour remplacer un œuf.*

Le lendemain, le bonhomme, qui comprenait très-bien ses intérêts, vendit le cheval pour 1,200 florins ; avec 30 florins, il se procura un nouveau baudet, et il consacra le surplus de la somme à l'acquisition d'une seconde vache et de vingt brebis pleines. Celles-ci lui donnèrent une nombreuse famille de petits agneaux qu'il échangea contre de beaux écus, et, peu à peu, agrandissant son étable, son petit champ, sa maison, il devint un des paysans les plus aisés de la contrée.

A côté des jardins de Schœnbrünn et séparée d'eux par une simple porte de communication percée dans un mur mitoyen, se trouve une maison de campagne qui appartenait en 1809, à la princesse de Metternich, mère de l'ambassadeur d'Autriche en France. Celui-ci, ramené sous escorte de Paris à Vienne, et autorisé à choisir, pour sa demeure, jusqu'à son échange contre les attachés de l'ambassade française transportés en Hongrie, une retraite en dehors de la capitale, s'était fixé dans cette maison de campagne. Le prince de Metternich admirait Napoléon, mais il ne l'aimait point. Dévoué corps et âme à l'impériale maison d'Autriche, il considérait le vainqueur de Marengo et de Wagram comme le plus grand ennemi de sa patrie; cependant il rendait justice aux éminentes qualités du grand capitaine. Dans la disposition d'esprit où il se trouvait à cette époque, il évitait avec soin toutes les occasions de se rencontrer avec l'Empereur ; il y mettait même une espèce de fierté que l'on comprend, lorsqu'on se met en face d'un ennemi victorieux.

Un matin qu'il se promenait dans les jardins qui lui étaient désignés comme dépendances de sa retraite forcée il se rencontra avec Savary.

— C'est vous, prince, lui dit celui-ci ; vous êtes donc notre voisin ; depuis quand ?

— Vous le savez aussi bien que moi, puisque vous êtes le chef de la police de l'armée.

— Si je puis vous être agréable en quelque chose, disposez de moi.

— Je vous remercie ; je n'ai besoin de rien.

— J'espère vous voir bientôt en liberté.

— Je suis résigné à la volonté de Dieu.

— En attendant, vous devriez venir voir Napoléon, qui vous estime et nous a parlé plusieurs fois de vous.

— Vous saviez donc que j'étais ici ?

— Pourquoi ne venez-vous pas à Schœnbrünn ?

— Parce que la place de mon empereur s'y trouve occupée par un autre.

— Ce n'est pas une raison.

— Pour vous, peut-être; pour moi, c'est différent.

Quelques jours après, le prince reçut l'invitation formelle de se rendre au château; mais il refusa disant que si Napoléon désirait le voir et l'entretenir, il était sûr de le trouver *à toute heure* à Grünberg.

Savary, revenant à la charge, proposa comme *mezzo termine*, une rencontre fortuite dans les jardins. Le prince refusa ce moyen, comme peu digne de Napoléon et de l'ambassadeur de l'empereur François.

« Votre maître, dit-il à Savary porteur du message, entend-il s'entretenir avec moi en ma qualité de particulier? je ne puis accéder à son désir sans déroger à mon caractère officiel, qui est violé dans ma personne en état d'arrestation. Veut-il me recevoir en ma qualité de représentant de l'empereur François? Qu'il commence par me rendre la liberté, je verrai ensuite ce que je dois faire. »

La rencontre n'eut pas lieu.

Quelques jours après, le prince de Metternich reçut l'autorisation de se rendre en Hongrie, où s'effectua l'échange des prisonniers.

7

IV

Les hussards du prince de Liechtenstein. — Mort d'un officier du 32ᵉ. — Le soldat français est comme le Phénix. — Joséphine et Rébecca. — Mariage et conversion. — Curiosité d'un magistrat viennois. — Invitation à dîner. — L'hospitalité récompensée. — Le 15 août à Schœnbrünn. — Esprit français. — Quelle heure est-il ? — Curieux parallèle entre Napoléon et l'archiduc Charles. — Le plus grand capitaine des siècles passés. — La première nation des temps modernes. — Le meilleur régiment de l'armée française. — Le portrait de Marie-Louise. — Le barbier de Napoléon.

De brillants faits d'armes avaient signalé, sous les deux aigles de France et d'Autriche, la bataille de Wagram, car de part et d'autre on avait combattu avec le courage et l'acharnement des héros d'Homère. Napoléon aimait à connaître les actions d'éclat qui avaient marqué chaque heure de cette journée épique. Parmi ces actions il est un épisode qui obtint particulièrement les honneurs de son admiration, quoiqu'il appartînt au drapeau contraire. « La gloire, dit-il un jour à l'archiduc Charles, n'a pas de patrie distincte, elle est le patrimoine de toutes les races humaines. »

Voici l'épisode. Au plus fort de la bataille, dans un de ces moments suprêmes où la victoire semble indécise, le général Liechtenstein, l'un des plus vaillants officiers de la cavalerie autrichienne, emporté par son courage, s'était vu entouré par un gros de cuirassiers français ; il était sur le point de rendre son épée, lorsque tout à coup onze hussards se précipitent sur les cuirassiers. Une horrible mêlée s'engage. On combat corps à corps ; d'un côté avec l'assurance du succès, de l'autre avec l'acharnement du désespoir ; le prince de Liechtenstein a son cheval tué sous lui, il se relève, saute sur celui d'un hussard renversé d'un coup de sabre, et, meurtri, couvert de sang, au plus épais de la lutte, il anime ses défenseurs. Des onze hussards plusieurs sont couchés sur la poussière, les autres redoublent leurs généreux efforts ; enfin, le prince est sauvé ! Aux braves qui ont survécu à leur héroïque dévouement, le prince a accordé une pension ; à la mémoire de ceux qui ont succombé, il a élevé un monument en forme de temple grec. L'on voit écrit sur la pierre funèbre les noms de ces braves.

A la même époque, l'Empereur visitant, selon son habitude, les ambulances militaires, s'approcha d'un lit sur lequel un jeune sous-lieutenant venait d'expirer : Je suis arrivé trop tard, dit-il ; j'aurais voulu adoucir sa dernière heure par quelques paroles de consolation. Puis, ployant le genou devant les dépouilles mortelles du brave qui n'était plus, il fit une courte prière. Cette scène, digne des pinceaux d'un Horace Vernet, fut émouvante.

— A quel régiment, demanda-t-il, en se relevant, au médecin en chef de l'ambulance ; à quel régiment ce jeune officier appartenait-il ?

— Au 32e, lui répondit le médecin.

— Le 32e ! s'écria Napoléon, c'est impossible. J'ai tant fait donner ce régiment-là en Italie, en Égypte et partout, qu'il ne devrait plus en rester un seul homme. Bah ! ajouta-t-il, le soldat français est comme le Phénix, il renaît de sa cendre.

Il y eut, pendant les négociations, diverses émeutes à Vienne ; plusieurs personnes, convaincues de les avoir provoquées, furent traduites devant des conseils de guerre, jugées et condamnées à mort. Un riche négociant juif fut de ce nombre. Celui-ci était le plus coupable, car c'était l'amour du lucre, et non point celui de la patrie, qui lui avait fait ameuter un faubourg, troubler l'ordre public, et compromettre le salut de la ville. Aussi, par un jugement spécial, fut-il condamné à être pendu au lieu d'être fusillé. L'exécution devait avoir lieu dans les vingt-quatre heures. Le riche négociant d'Israël avait une fille dont le visage était l'image parfaite de Joséphine. Rébecca aimait son père plus encore que celui-ci n'aimait son or.

— Je le sauverai, avait-elle dit en apprenant la fatale sentence, ou je mourrai le même jour que lui.

Mais comment faire pour le sauver et ne point mourir? Un officier français lui conseilla d'aller se jeter aux pieds de Napoléon, qui seul avait le droit de grâce.

— Votre ressemblance avec l'impératrice Joséphine, lui dit-il, est un avocat infaillible qui gagnera votre cause.

Il n'y avait pas un instant à perdre. Rébecca partit pour Schœnbrünn et eut le bonheur d'être introduite immédiatement auprès de l'Empereur.

Ainsi que l'avait prévu l'officier français, Napoléon, visiblement ému à la vue de la jeune fille,
se laissa toucher par ses larmes.

— Votre père ne mourra pas, lui dit-il, vous
êtes quitte avec lui ; car vous lui rendez aujour-
d'hui la vie qu'il vous a donnée. Puis, la faisant
asseoir à ses côtés, il l'interrogea avec bonté sur sa
position, ses désirs, ses espérances de jeune fille.

Puis l'Empereur fit appeler le général Rapp et
lui dit :

Reconduisez cette jeune personne à Vienne ;
voyez son père, et, en échange de la vie que je
lui accorde, demandez-lui son consentement au
mariage de sa fille avec un officier de ma garde,
et une dot de cent mille florins... Allez.

Un mois après, Rébecca embrassa le catholi-
cisme, et, le même jour, elle devint l'épouse d'un
brillant officier que la mort, hélas ! lui ravit six
ans plus tard à Waterloo.

Un jour qu'un colonel français revenait de
Vienne et descendait de cheval dans la cour de
Schœnbrünn, un personnage vieilli dans la ma-
gistrature, se présentant devant lui, le supplia de
lui faire voir Napoléon.

— Que lui voulez-vous? demanda le colonel.

— Le voir une minute, et lui exprimer en cinq paroles les sentiments d'admiration que j'éprouve pour sa personne, quoiqu'il soit l'ennemi de ma patrie.

— Vous l'aimez donc bien?

— Non; mais je l'admire comme j'admire Alexandre et César; je suis vieux, et je ne voudrais pas mourir sans avoir vu le héros du siècle.

— Vos désirs seront satisfaits, monsieur; l'Empereur va se mettre à table; veuillez accepter mon modeste dîner, je vous montrerai Napoléon au dessert.

Le magistrat accepta l'invitation, et sans façon prit place à table à la droite de son amphitryon. La conversation s'engagea aussitôt entre eux, vive, piquante, animée :

— Vous m'avez dit, monsieur, que vous n'aimiez pas Napoléon; oserais-je vous en demander la raison?

— Vous êtes trop bon Français, colonel, pour ne point comprendre.

— Quelle est-elle?

— Je suis bon Autrichien.

— C'est juste, le patriotisme est la vertu des nobles âmes, et il y en a beaucoup en Autriche.

— Vous le reconnaissez donc, colonel? Depuis quand?

— Depuis que petit écolier j'ai appris l'histoire, depuis que soldat je fais la guerre; écolier, j'admirais la puissante maison de Habsbourg, ne régnant pour ainsi dire que pour le bonheur de ses peuples; j'admirais la grande Marie-Thérèse trouvant dans son cœur de femme et de mère la volonté qui sauve les nations; j'admirais les fidèles Hongrois, s'écriant : *Moriamur pro* REGE NOSTRO *Maria-Theresa!* Soldat, j'admirais dans les armées autrichiennes la persévérance de la pensée unie au courage et au dévouement. C'est une noble et belle nation que la nation autrichienne, monsieur! Marengo, Essling, Wagram, seraient trois victoires pour un autre peuple que le peuple autrichien.

— Ces éloges dans une bouche ennemie flattent mon patriotisme, colonel; je vous en remercie. Pensez-vous que sur ce point l'opinion de votre Empereur soit semblable à celle que vous venez d'émettre?

— J'en suis tellement certain, monsieur, que, si vous le désirez, l'Empereur vous répètera les mêmes paroles, sans en retrancher une seule syllabe.

— Y a-t-il longtemps, colonel, que vous faites la guerre?

— J'ai quitté Brienne le même jour que Napoléon en est sorti; depuis, je me suis trouvé partout où cet heureux soldat s'est montré; j'étais avec lui au siége de Toulon; j'ai traversé le mont Saint-Bernard tantôt à pied, tantôt sur son cheval; souvent je me suis couché dans son manteau; je l'ai suivi en Égypte; j'en suis revenu avec lui pour faire sauter par les fenêtres les bavards et les oppresseurs de la France; enfin, il n'y a pas un champ de bataille où il ait combattu sans moi; il n'y a pas une victoire qu'il ait remportée sans mon active coopération.

— Je vois, colonel, que je n'aurais su mieux m'adresser pour être présenté à votre illustre maître; je bénis le hasard qui m'a conduit sur votre chemin. Mais puisque vous connaissez si bien l'Empereur, pourriez-vous m'indiquer le point où s'arrêtera l'ambition démesurée qui...

l'ardeur belliqueuse, veux-je dire, ajouta le magistrat en se reprenant, car il s'était aperçu que
le colonel avait froncé le sourcil au mot d'ambition, — l'ardeur belliqueuse qui lui fait remuer
l'Europe jusque dans ses entrailles?

Le colonel ne répondit point. Le magistrat,
dont la franchise germanique commençait à subir
l'inspiration d'un excellent champagne, continua :

— Ses désirs devraient être satisfaits; il a
donné des sceptres et des couronnes à tous les
membres de sa famille, des duchés et des princi-
pautés à tous ses maréchaux, de la fortune à ses
familiers, des honneurs à ses courtisans et de la
gloire à son peuple autant qu'un pays aussi grand
que la France peut en contenir. Colonel, un vase
trop plein, quel que soit l'élément qu'il renferme, finit toujours par déborder. La victoire
se lasse et devient parfois infidèle.

— Vous parlez bien, monsieur.

— Voilà, colonel, ce que j'aurais l'honneur de
dire à S. M. Napoléon, si, comme vous, j'étais
assez heureux pour vivre dans son intimité.

— Et vous ne craindriez point de vous exposer à sa colère ?

— Pourquoi ?

— Parce que S. M. Napoléon donne des leçons,
mais n'en reçoit point.

Le magistrat, craignant d'être allé trop loin,
se tut. Dans ce moment un aide de camp de service entra dans la salle, et, s'approchant avec
respect du colonel, lui dit :

— Sire, un courrier extraordinaire arrive de
France. Votre Majesté veut-elle le recevoir ?

— Grand Dieu ! s'écria le magistrat en se levant de table et s'inclinant devant le colonel ;
vous êtes ?...

— Napoléon lui-même. Et, tendant la main à
son convive stupéfait, Napoléon ajouta : Je vous
ai promis de vous faire voir l'Empereur, j'ai tenu
parole ; êtes-vous satisfait ?

— Sire, répondit le vieillard, j'ai eu de bien
heureux jours dans ma vie : celui-ci en sera le
plus beau.

Une scène à peu près semblable eut lieu la semaine suivante, voici dans quelles circonstances :
Napoléon revêtu, contre son habitude, d'un habit
bourgeois, et accompagné d'un seul aide de
camp vêtu comme lui, se rendait à Krems pour

y passer en revue les troupes du général Marmont. Il pleuvait; et la route était si mauvaise, que la voiture de l'Empereur se brisa à quelques lieues de Vienne et à une portée de fusil d'un château qui paraissait fort bien habité. Napoléon résolut d'aller y demander l'hospitalité, qui, à cette époque surtout était une des vertus principales du peuple autrichien; il fut parfaitement accueilli par les châtelains, qui allaient se mettre à table.

— Soyez les bienvenus, messieurs, leur dit une jeune dame, et faites-nous la grâce d'accepter notre dîner pendant que l'on réparera votre chaise.

La manière gracieuse dont cette invitation était faite rendait le refus impossible, Napoléon accepta.

La conversation, insignifiante d'abord, prit bientôt une tournure dont le piquant intéressa vivement l'Empereur, qui n'avait point été reconnu; son image n'était point encore ce qu'elle est devenue plus tard, universelle.

— Vous êtes Français, messieurs, et vous arrivez de Vienne? demanda la châtelaine. Est-il vrai que l'Empereur doive se rendre aujourd'hui à Krems?

— Oui, madame, répondit Napoléon ; il est parti en même temps que nous, et il ne doit pas être loin d'ici.

— Tu le vois, mon ami, dit la dame en s'adressant à son mari, j'étais bien informée ; nous n'avons pas un instant à perdre ; ces messieurs seront assez bons pour nous excuser si nous ne leur offrons pas une plus longue hospitalité, mais comme je n'ai jamais vu Napoléon, je serais désolée de perdre une si belle occasion ; nous partirons pour Krems, dès que la voiture brisée sera réparée.

— Vous êtes vraiment étonnante, chère amie, répondit avec une voix grondeuse le mari : Napoléon n'est-il pas un homme comme un autre, et vaut-il la peine que nous nous dérangions par le temps qu'il fait ? Voyez : la pluie redouble ; croyez-moi, si vous êtes raisonnable vous resterez chez vous.

— Non, monsieur, Napoléon n'est point un homme comme un autre, et certes, si jamais personnage a valu la peine qu'on se dérangeât pour le voir, c'est bien celui qui remplit l'Europe de son nom et dont chaque pas est une victoire. Si

la pluie vous effraye, mon ami, restez ici ; quant
à moi, j'irai bien certainement à Krems, dussé-je
prier ces messieurs de me servir de chevaliers,
dussé-je au besoin m'y rendre seule.

— Comprenez-vous, monsieur, un pareil caprice ? demanda vivement le mari en s'adressant à l'Empereur.

La scène menaçait de tourner au sérieux ; Napoléon prit à son tour la parole.

—Puisque vous désirez tant voir Napoléon, madame, je vous promets de faire tout ce qui dépendra de moi pour vous aider à satisfaire votre envie.

— Vous comptez sans le mauvais vouloir de
quelqu'un, fit la jeune dame, en portant les yeux
sur son mari, qui rougit à son tour et dit :

— Je veux faire aussi quelque chose pour
vous être agréable, madame ; je sais qu'un mar-
chand d'estampes, à Vienne, a reçu un grand
nombre d'exemplaires du portrait de Napoléon ;
je vous promets de faire le voyage de la capitale pour vous en acheter un.

— Et quand cela, monsieur ?

— *L'année prochaine !* Le vieillard accompagna
cette plaisanterie d'un gros éclat de rire.

— C'est une peine que je peux vous éviter,
dit Napoléon.

— Comment! vous seriez assez bon de faire le
voyage de Vienne exprès pour satisfaire le caprice
d'une femme?

— Non, monsieur, car je puis à l'instant même
offrir à madame le portrait que vous comptez lui
acheter *l'année prochaine*. J'espère même qu'elle
daignera l'accepter comme un faible hommage de
ma reconnaissance pour l'hospitalité qu'elle a
daigné nous accorder... Serai-je assez heureux,
madame, pour vous faire agréer ce petit souvenir?

Disant ainsi, l'Empereur sortit de sa poche une
magnifique tabatière enrichie de diamants.

— Ma femme ne prise jamais, dit en riant le
vieillard.

— Quoique madame *ne prise jamais*, reprit
l'Empereur, je suis certain qu'elle prisera cette
miniature, elle est d'Isabey. Il fit jouer un petit
ressort, et, présentant à la châtelaine la tabatière
ouverte, il ajouta : voici, madame, le portrait
que vous m'avez promis d'accepter.

— Et que je garderai toute ma vie, s'écria la

jeune femme, en proie au plus vif saisissement. Puis, tendant la main à son mari : Mon envie est satisfaite, cher ami, lui dit-elle; la vôtre doit l'être aussi; nous n'irons pas à Krems.... j'ai vu le plus grand homme du siècle.

Le 15 août, l'Empereur fut réveillé à quatre heures du matin, par le bruit du canon, le roulement des tambours, l'éclat des fanfares et les acclamations de la garde, réunie dans la cour de Schœnbrünn. C'était le jour de sa fête. Après avoir reçu les félicitations de ses maréchaux, de ses hauts dignitaires et de ses grands-officiers, il descendit dans la cour, se mêla parmi les soldats et leur adressa quelques-unes de ces chaudes paroles qui savaient si bien trouver le chemin de leurs cœurs.

— Soldats ! disait-il aux uns, je suis content de vous ! — Vous êtes des braves, disait-il aux autres, je vous reconnais, je vous ai vus en Italie, en Égypte ; vous êtes les dignes compagnons de ma gloire.

A celui-ci, il vantait la cicatrice qui lui balafrait la joue ; à celui-là il promettait l'étoile de l'honneur ; à tous il assurait des récompenses ; et tous enthousiasmés par de magiques accents, juraient de se faire tuer à la première occasion pour leur Empereur.

A dix heures, une messe solennelle fut célébrée en plein air, sur un autel élevé avec des tambours au milieu de la grande cour. C'était un noble et émouvant spectacle qu'offrirent alors ces guerriers courbés devant le Dieu des batailles, et baissant religieusement leurs fronts devant une simple croix, eux qu'aucune puissance humaine n'aurait pu faire ployer !

L'Empereur, entouré de ses maréchaux, priait à genoux sur un coussin de velours placé devant l'autel ; il donnait l'exemple du recueillement et de la prière ; il le devait, car, plus que tout autre, il lui appartenait de rendre des actions de grâces à Celui qui l'avait pris par la main, simple lieutenant d'artillerie, pour le conduire, à travers cent victoires, au plus beau trône de l'univers. Après le saint sacrifice, un chœur de chanteurs militaires entonna le *Te Deum*, et tout le temps que dura le chant de cette hymne triomphale, les troupes, rangées en carré, présentèrent les armes. Cette scène était sublime. A onze heures,

Napoléon passa une grande revue, et distribua des croix; le reste de la journée fut consacré à des réjouissances.

Dans une des courses de l'Empereur à Vienne, le cheval d'un cavalier de son escorte s'étant abattu sur la place Saint-Étienne, une voix égarée dans la foule prononça ces paroles :

— Le pavé de notre capitale est fier; il supporte difficilement le poids de l'occupation étrangère.

— Tout fier qu'il est, répliqua le cavalier en remontant à cheval, il a baisé mes bottes.

L'esprit français brillait dans toutes les occasions. Les eaux de Schœnbrünn sont aussi bonnes que belles. L'Empereur, qui s'occupait des moindres détails, adressa un jour cette question à un simple chasseur :

— Comment les chevaux de l'armée trouvent-ils ces eaux?

— Dam', Majesté, répondit le chasseur, *ils ne s'en plaignent pas.*

— Quelle heure est-il? demandait un jour Rapp, à un grenadier qui interrogeait une grosse montre d'argent, qui sans doute faisait partie de son héritage de famille.

— Il est l'heure, répondit le troupier, de manger la soupe et de boire un coup, car je meurs de soif et de faim.

— Eh bien ! va à la cantine !

— Le crédit y est défendu, mon général, et je n'ai pas le sou ; suis-je assez malheureux !

— Comment ! gredin, tu te plains de n'avoir pas le sou, quand tu as un *Napoléon!*

— Vous avez raison, mon général, et moi je n'ai pas tort, car le cantinier prétend que la gloire seule a la monnaie de cette pièce-là.

— Alors, prends celle-ci et va boire un coup à la santé de l'Empereur.

Disant ainsi, le général Rapp lui donna une pièce d'or, qui avant l'heure de la retraite disparut tout entière à la cantine.

En Autriche, ainsi que dans toute l'Allemagne, il y a trois choses sans lesquelles l'Allemand et l'Autrichien ne vivraient pas : la musique, la bière et le tabac, le tabac surtout. En Autriche les enfants naissent une pipe à la bouche, de même qu'en Hongrie les petits Magyars naissent bottés et éperonnés. On fume dans les voitures publiques, on fume dans les cafés, on fume dans

les salles des hôtels, on fume à table, on fume au
lit, on fume au bain, on fume en mangeant, bu-
vant et dormant, on fume partout et toujours. Un
jour, une discussion fort vive s'engagea entre un
officier français et un bourgeois de Vienne.

La question était celle-ci : quel est le meilleur
capitaine, de Napoléon ou de l'archiduc Charles?
Le bourgeois n'osait pas, malgré tout le désir que
lui inspirait son patriotisme, donner la supério-
rité au vaillant général que Napoléon lui-même
acceptait pour digne adversaire. Il inclinait à
croire que ces deux grands hommes devaient
être placés sur une ligne parallèle, lorsqu'après
avoir passé en revue les qualités qui pouvaient
mettre son héros en relief, il s'avisa de demander
à la partie adverse si Napoléon fumait.

— Napoléon n'a jamais pu supporter l'odeur
d'une pipe, répondit l'officier français.

Le bourgeois fit un cri de satisfaction et
dit :

— La question est tranchée : du moment que
votre Empereur ne fume pas, il est un homme
incomplet. L'archiduc Charles, ajouta-t-il, passe
avec raison pour l'un des meilleurs fumeurs de

notre armée… Donc il possède un immense avantage sur celui qui ne fume pas.

— Permettez, monsieur, répliqua vivement le champion de l'Empereur ; Napoléon ne fume pas, j'en conviens, mais il *fait fumer les autres, et sans pipe encore.*

A propos de parallèle, le général Rapp, soutenant un jour, contre l'avis différent de Savary, que César devait être considéré comme plus grand capitaine qu'Alexandre, en appela à l'opinion de l'Empereur :

— Je préfère Annibal, répondit Napoléon.

Dans une discussion à peu près semblable, on lui demanda quel était, à son avis, la première nation du monde : il répondit :

— A Londres, c'est l'Angleterre ; à Vienne, c'est l'Autriche ; à Moscou, c'est la Russie ; à Berlin, c'est la Prusse ; mais en Europe, c'est la France.

Il éluda avec la même finesse d'esprit cette autre question : — Quel est, sire, le meilleur régiment de votre armée?

— Celui qui se bat le mieux.

Le 14 juillet 1809, Napoléon, dînant, pour la

première fois depuis son retour à Schœnbrünn,
dans le salon de cérémonie, se trouva vis-à-vis
d'un portrait de femme qui lui plut. Tout le
temps du repas il eut ses regards fixés sur des
traits qui semblaient le charmer. Un de ses généraux, habitué à lire sur les plis de son front
comme dans un livre ouvert, fit détacher de la muraille ce portrait et le fit mettre dans la chambre
de l'Empereur. Le lendemain, Napoléon chargea
Rapp de faire venir au château le plus habile
peintre de Vienne, auquel il commanda une copie
du portrait enchanteur. Mais la copie terminée
ne répondit point à la finesse du modèle. Quoi
qu'il en soit, l'Empereur remplaçant l'un par
l'autre, garda le modèle et l'emporta avec lui
quand il revint en France.

L'année suivante, il reçut à Paris l'original en
personne. Ce portrait était celui de l'archiduchesse Marie-Louise, qui devint impératrice des
Français.

Un matin, Napoléon, traversant incognito l'antichambre de Schœnbrünn, où les solliciteurs attendaient leur tour d'audience, fut arrêté par un
Viennois qui, devinant un personnage d'impor-

tance, lui conta le but de sa visite, et se recom-
manda à sa bienveillante protection. La demande
du solliciteur était juste, Napoléon promit de
l'appuyer de son crédit. Le Viennois se confon-
dit en remercîments anticipés, et demanda à son
protecteur quelles étaient ses fonctions auprès de
la personne de l'Empereur?

— Celles de barbier en chef et sans partage,
répondit Napoléon.

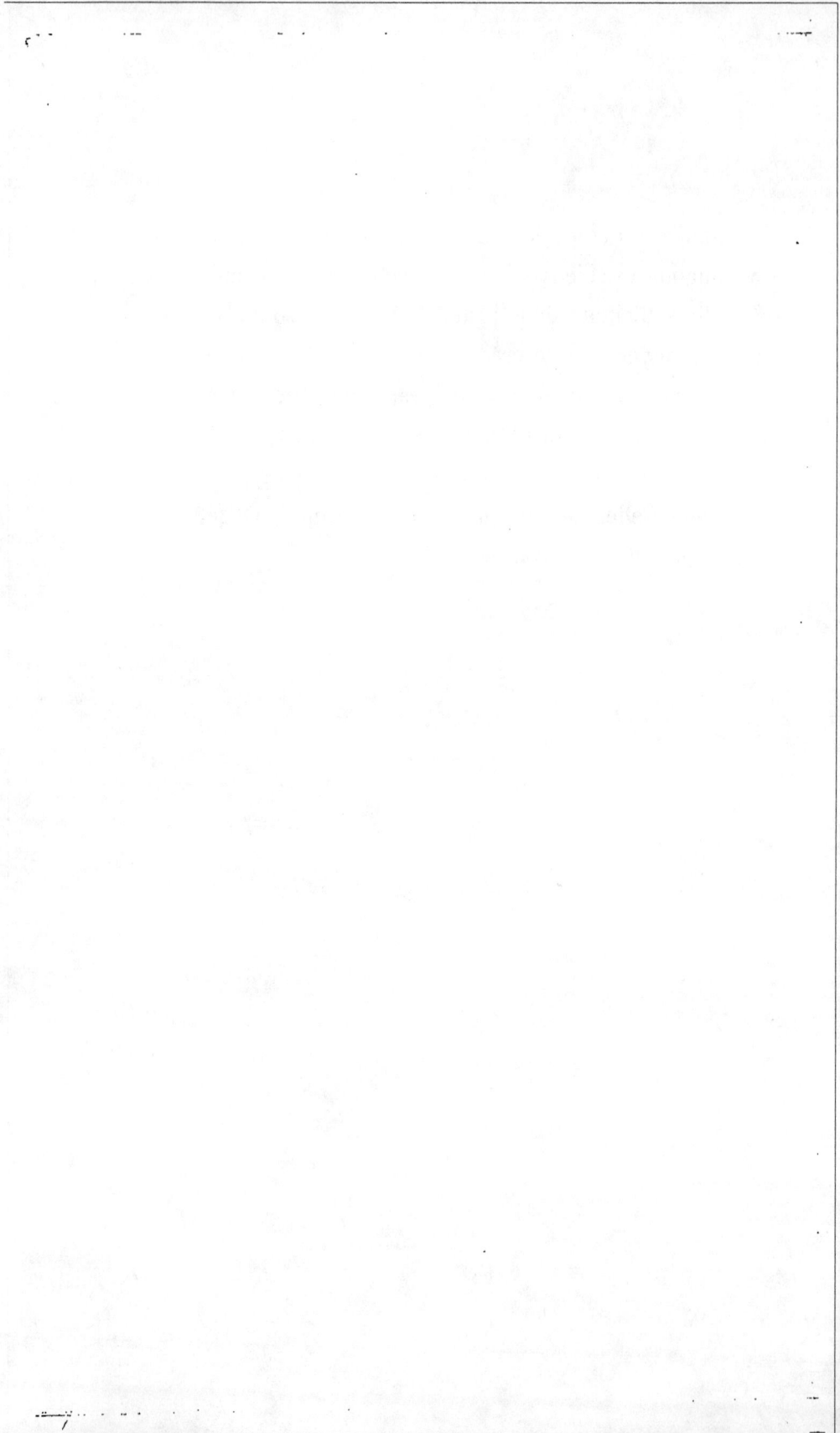

LE DUC DE REICHSTADT

Vienne, 9 février.

Les deux caveaux funèbres qui renferment les tombes de la famille impériale depuis Marie-Thérèse sont situés sous l'église du couvent des Capucins. Le monument le plus remarquable est celui de Marie-Thérèse, dominant les treize tombes de ses treize enfants déposés à ses pieds. Marie-Thérèse, mariée à un prince de la maison de Lorraine, a eu seize enfants. L'un d'eux a descendu les marches du plus beau trône du monde pour gravir celles d'un échafaud. Une inscription devrait indiquer par le nom de Marie-Antoinette sa place près de son illustre mère. Les autres monuments dignes de fixer l'attention sont ceux de Léopold Ier, de Joseph Ier, de l'empereur Mathias, de l'impératrice Éléonore et de Charles VI.

C'est hier pour la première fois que nous sommes descendus dans ces sombres demeures où reposent en paix les cendres des puissants qui ont tenu courbés sous leur sceptre les peuples allemands. De leur puissance, que reste-t-il à cette heure, en dehors des souvenirs de leurs vertus et du bien qu'ils ont fait en passant par le trône? un peu de cendre, des lambeaux de velours et de brocart, une épitaphe... voilà tout!

Nous avons pu nous en assurer par nous-même. On changeait de sépulcre les restes de l'impératrice Marie, infante d'Espagne et femme de Ferdinand III. Cette illustre princesse, renommée par sa beauté et ses qualités de cœur, mourut en couches, en 1646, et fut ensevelie avec son enfant mort sur son sein. En attendant son nouveau cercueil, on l'avait déposée dans une espèce d'oratoire à l'extrémité d'un des caveaux. Des ossements blanchis, sans forme, étendus sur un drap de velours rouge, les lam-

beaux des vêtements somptueux qui lui avaient
servi de linceul, voilà tout ce qui restait de
l'impératrice, dont le règne orageux fut une
série non interrompue de guerres civiles. La
mort pour elle fut le repos; en effet, ce fut
dans le caveau des Capucins qu'elle retrouva
le calme qu'elle avait perdu en quittant l'Es-
curial.

La semaine dernière, on a également renou-
velé le cercueil de l'impératrice Anne, fonda-
trice du couvent des Capucins. Le corps de
cette princesse, morte en 1618, était parfaitement conservé, par une exception d'autant plus
remarquable, que, contrairement à l'impératrice Marie, elle n'avait point été embaumée.
Cette particularité ne confondrait-elle pas la
science des Gannal de l'époque, s'ils pouvaient
en être témoins?

Le révérend père qui nous guidait dans notre
lugubre exploration nous a raconté que le ca-
davre de l'impératrice Anne était d'une conservation si parfaite que, malgré l'altération de ses
traits, on reconnaissait parfaitement sa ressemblance, conforme aux portraits qui restent d'elle.

On doit prochainement encore changer de cercueil les cendres d'un illustre personnage. Nous ferons en sorte d'y assister. La partie de cette demeure sépulcrale où sont déposés les restes du duc de Reichstadt, est éclairée par des ouvertures supérieures. Sur le cercueil de ce prince, placé près de celui de l'impératrice Marie-Louise, on lit dans un ovale l'inscription suivante, en latin :

« A l'éternelle mémoire de Joseph-François-Charles, duc de Reichstadt fils de Napoléon, empereur des Français, et de Marie-Louise, archiduchesse d'Autriche, né à Paris, le 20 mars 1811, salué dans son berceau du nom de roi de Rome. A la fleur de son âge, doué de toutes les qualités de l'esprit et du corps, d'une imposante stature, de nobles et agréables traits, d'une grâce exquise de langage, remarquable par son instruction et son aptitude militaire, il fut attaqué d'une cruelle phthisie, et la mort la plus triste l'enleva dans le château des empereurs, à Schœnbrünn, près de Vienne, le 22 juillet 1832. »

La vue de ce cercueil, remarquable par sa

grande simplicité, contraste au grand nom qu'il renferme, m'a vivement ému ; j'avais présente à ma mémoire une longue causerie que j'avais eue la veille, avec des personnes qui avaient vécu dans son intimité. Je vais essayer de la transcrire le plus fidèlement possible.

Conséquence des événements de 1814, le voyage du jeune roi de Rome, quittant Paris pour se rendre à Vienne, avec l'impératrice Marie-Louise, fut plutôt une marche triomphale qu'un convoi d'exil et de deuil. Partout Marie-Louise et son fils furent entourés d'hommages, d'honneurs et d'acclamations ; les populations se pressaient en foule sur leur passage ; les souverains des États qu'ils traversaient les envoyaient complimenter par les grands officiers de leurs couronnes. A Inspruck, le peuple se précipita au-devant des illustres voyageurs pour traîner leur voiture, avec un enthousiasme tel qu'il se traduisit par de graves accidents. A Salzbourg, la famille royale de Bavière les accueillit avec transport ; le prince de Trauttmansdorff, grand-écuyer de l'empereur, les reçut à la frontière d'Autriche ; l'impératrice elle-même se porta à

leur rencontre, à plusieurs postes de Schœnbrünn. Enfin, la famille impériale et la cour
tout entière les reçurent sous le péristyle du palais de Schœnbrünn, magnifique résidence terminée par Marie-Thérèse, sur la rive droite de
la Wien, à une demi-lieue de la capitale.

Malgré les fêtes et les témoignages de sympathie dont ils furent entourés, le jeune duc de
Reichstadt avait le sentiment de sa position :
« Hélas ! disait-il, je vois bien que je ne suis
plus roi, je n'ai plus de pages ! » Dès les premiers jours de leur arrivée, les Viennois témoignèrent le plus grand empressement pour leur
archiduchesse et pour le fils du grand capitaine
qui, deux fois occupant leur capitale, leur avait
fait sentir le poids de ses victoires.

Les études auxquelles furent soumises les
premières années du prince ne différèrent en
rien de celles qui forment l'éducation des
princes autrichiens. Son éducation préparatoire
aux études classiques dura jusqu'à sa huitième
année ; dans cet intervalle, il apprit avec de
surprenantes dispositions les langues anglaise,
allemande et italienne. A l'âge de huit ans,

M. Collin, poëte de mérite, lui enseigna les premiers éléments des langues anciennes. A ce travail peu conforme à ses goûts, dirigés vers les études militaires, il apporta plus d'intelligence que d'ardeur. A l'âge de quatorze ans, le jeune prince était déjà arrivé à un degré d'instruction fort élevé. Les Commentaires de César sur la guerre des Gaules étaient son ouvrage de prédilection. A ces études succédèrent celle de la philosophie théorique et pratique dans ses généralités et dans ses diverses branches. Le droit naturel, politique et administratif termina ses cours.

D'une santé fragile et délicate, mais doué d'une grande dextérité pour les exercices du corps, le duc de Reichstadt passait déjà pour un habile cavalier à l'âge de quinze ans. Flattant, encourageant même ses instincts militaires, l'empereur, qui l'adorait, lui avait permis de porter, dès sa septième année, l'uniforme de simple soldat; quelques jours après, en raison de son application, il fut nommé sergent, et parcourut ainsi de suite l'échelle hiérarchique, en apprenant les détails les plus minutieux du service militaire. Son grand plaisir de simple soldat était de se mettre en faction à la porte de son grand-père, et de présenter les armes à tous les personnages qui se rendaient chez l'empereur.

La réflexion chez lui fut si précoce, qu'il n'a pas eu pour ainsi dire d'enfance ; il ne se plaisait réellement que parmi les hommes, et surtout parmi les militaires. Son intelligence était remarquable comme son esprit, sa repartie était aussi vive que juste, sa volonté ferme, son caractère décidé, il exerçait sur lui-même un empire extraordinaire.

L'intimité qui régnait entre l'empereur et son petit-fils offrait un spectacle touchant. L'enfant avait pour le monarque une confiance sans limite ; le monarque portait à l'enfant un intérêt qu'expliquaient les liens du sang et l'inconcevable destinée dont le fils de Napoléon le Grand était le jouet. Un jour, dans un des moments d'entretien que le monarque se plaisait à donner au jeune duc, celui-ci lui dit : « Quand j'étais à Paris, j'avais des pages, et l'on m'appelait roi de Rome : j'étais donc roi? — Oui, mon enfant, lui répondit en souriant son grand-père; vous étiez roi de Rome comme je suis roi de Jérusalem. » Cette réponse frappa l'enfant; il garda le silence et sembla longtemps réfléchir.

Dès sa plus tendre enfance, son respect et sa déférence pour les militaires se produisaient en toute occasion. Pendant un séjour de l'empereur à Schlosshof, château situé dans le voisinage de Presbourg, le souverain avait admis un jour à sa table plusieurs généraux; le duc de Reichstadt, au lieu de prendre sa place ordinaire auprès de l'archiduc François, alla s'asseoir à l'extrémité de la table. Comme on lui en demandait la raison, il répondit : « Je vois ici des généraux, ils doivent tous passer avant moi. »

Aux études classiques et militaires, il importait que le jeune prince joignît des connaissances plus directement applicables à sa position; l'empereur, pénétré de cette pensée du développement moral de son petit-fils, confia le soin de l'initier dans la politique et la philosophie de l'histoire à l'homme qui, par son expérience pratique et ses hautes lumières, était le plus en état de répondre aux vues du monarque : le prince de Metternich

9

fut chargé de tracer au duc de Reichstadt une histoire exacte et complète de la vie politique et militaire de Napoléon.

Le prince de Metternich remplit cette mission difficile, en se renfermant dans les limites que l'empereur lui-même lui avait tracées par ces nobles paroles : « Je désire que le fils respecte la mémoire de son père, et qu'il prenne exemple de ses grandes qualités pour se prémunir contre ses défauts; enseignez-lui à honorer sa mémoire; en un mot, parlez au prince de son père comme vous désireriez qu'on parlât de vous à votre propre fils. »

Dès ce moment, le jeune duc montra un habituel empressement à se rapprocher du prince de Metternich, qu'il apprit à connaître, à aimer et à estimer. Il comprenait si bien les devoirs de sa position, que dans un entretien sérieux avec le comte de Dietrichstein, il prononça ces mémorables paroles : « Mes idées ne doivent pas se porter à troubler la France, encore moins à servir d'instrument et de jouet au libéralisme. »

La nouvelle de la mort de son illustre père, apportée à Vienne par un courrier extraordinaire

à MM de Rothschild, parvint au prince dans
le même lieu, le même jour où onze années
plus tard il devait lui-même expirer. Sa douleur
fut immense, il pleura amèrement et sa tristesse
fut longue à se calmer. Son aversion contre les
idées révolutionnaires était si prononcée, qu'en
apprenant la révolution de 1830 et croyant à la
possibilité d'une lutte, il s'écria avec vivacité :
« Je voudrais que l'empereur me permît de marcher avec ses troupes au secours de Charles X. »
Cette révolution eut une grande influence sur
l'esprit du jeune duc ; elle répandit dans son âme
une teinte mélancolique et méditative qui ne le
quitta plus ; il jugeait avec un grand discernement
le véritable état des choses ; il était convaincu que
désormais la France allait être soumise à des os-
cillations qui réagiraient fortement sur l'Europe
entière. Il lisait dans l'avenir.

Dès son arrivée à Vienne, le général Belliard,
nouvel ambassadeur de la France, avait demandé
à le voir ; mais le gouvernement autrichien avait
éludé sa requête. En apprenant ce refus, le duc
de Reichstadt l'approuva, disant : « Le gouvernement a agi sagement ; que pouvait avoir à faire

avec moi l'ambassadeur extraordinaire de Louis-
Philippe? Voulait-il me demander mon adhésion
aux choses qui se passent en France? »

A cette époque, l'enfant devenu homme avait
fait son entrée dans le monde officiel : dès lors,
dans les cercles et dans les bals de la cour, il fut
entouré d'un empressement et d'un intérêt dignes
de son grand nom. Sa situation exceptionnelle
attirait d'abord l'attention générale, mais son esprit, la finesse, la vivacité de sa conversation, la
distinction de ses manières, la grâce de sa taille
élevée, la beauté de ses traits provoquaient toutes les sympathies.

A la fin de 1830, le duc de Reichstadt ayant
complétement terminé son éducation militaire,
et l'empereur voulant laisser développer désormais ses talents dans la carrière des armes, l'en-
toura d'officiers réputés par leur loyauté, leurs
talents et leur expérience militaire. Suivant l'ordre établi pour les princes de la maison impériale qui se vouent à la profession des armes, il
passa par tous les grades inférieurs, et en remplit successivement les fonctions. Nommé lieute-
nant-colonel, le 15 juin 1831, il prit le comman-

dement d'un bataillon du régiment d'infanterie
hongrois Giulay, tenant garnison à Vienne; il
remplit ses nouvelles fonctions avec un zèle
qu'en raison de sa santé délicate, on dut souvent
modérer. Sa vie entière se passait dans les études de la théorie, à la caserne ou dans les champs
de manœuvre; il se fit bientôt adorer de tous
ses officiers, car dans ses rapports journaliers
avec eux, le prince s'effaçait devant le camarade.
A cette époque, sa santé ne présentait pas encore les symptômes de la maladie qui devait
l'emporter. Cependant bientôt après, un enroue-
ment continu, de légères mais fréquentes attein-
tes de toux, une grande lassitude à la suite de ses
exercices militaires inspirèrent de vives inquiétudes. Ses forces trahissaient son courage. « J'en
veux, dit-il un jour au docteur Malfatti, à ce mi-
sérable corps qui ne veut pas suivre la volonté
de mon âme. » La maladie, rebelle aux moyens
de l'art, marchait rapidement, et nécessitait un
repos absolu; le duc s'y refusa; l'empereur dut
l'y contraindre par un ordre impérieux; voici
dans quelle circonstance.

Le choléra venait d'éclater à Vienne. Le duc

de Reichstadt, inaccessible à la crainte qu'inspirait ce fléau à son apparition, ne voulut point se séparer de ses soldats : « Je dois, dit-il, en ces funestes circonstances, suivre l'exemple de courage et de dévouement que montrent partout l'empereur et la famille impériale; je mourrai, s'il le faut, à mon poste, mais je ne l'abandonnerai pas. » Cependant, dans l'état critique de la santé du prince (il avait maigri graduellement, et son visage avait pris une teinte livide), la moindre atteinte du mal régnant devait être mortelle. Dans cette conviction, le docteur Malfatti se rendit un matin sur le champ de manœuvre, où l'empereur, se mêlant à ses troupes et à son peuple, les rassurait, par sa présence, contre les terreurs de la maladie. La parade venait de se terminer; le docteur, s'approchant aussitôt du monarque, lui fit, en présence du prince, un rapport par lequel il déclarait que la santé de celui-ci exigeait un repos complet. L'empereur, s'adressant à son tour au jeune prince, lui dit d'une voix qui demandait à être obéie : « Vous venez d'entendre le docteur Malfatti, vous vous rendrez immédiatement à Schœnbrünn. » Le duc s'inclina respectueusement en signe d'obéissance; mais, en se relevant, il lança un regard de colère au docteur. « C'est donc vous, monsieur, lui dit-il, qui me mettez aux arrêts? » Et il s'éloigna rapidement.

Deux mois de repos absolu passés à Schœnbrünn semblèrent rétablir ses forces; il avait retrouvé le sommeil; la teinte livide de son visage avait disparu; son regard avait repris son éclat. Entouré des soins que lui prodiguait la famille impériale, il montait à cheval plusieurs fois par jour; il assistait à toutes les grandes manœuvres avec le commandant général; une fois même, à une revue que l'empereur passa en personne, il demanda et obtint la permission de prendre le commandement de son bataillon; peu de temps après il suivit l'empereur aux grandes chasses qui ont lieu au mois d'octobre; il paraissait enfin avoir entièrement recouvré la santé. Présage trompeur. Cette amélioration n'était qu'un temps d'arrêt dans la maladie, qui reprit bientôt son empire. A cette époque, l'empereur le nomma colonel en second dans le régiment où il servait.

L'état critique du prince s'aggravait de jour en joue; la fièvre, se déclarant, amena des symptômes plus inquiétants encore. Des remèdes administrés avec intelligence suspendaient le mal, mais ne le domptaient pas ; l'esprit actif du prince le précipitait incessamment dans des imprudences qui détruisaient le mieux opéré. « Il semble, disaient les médecins qui le traitaient, il semble que, dans ce malheureux jeune homme, il y ait un principe actif qui le pousse à rendre tous nos soins impuissants, tous les raisonnements, toutes les précautions échouent devant la fatalité qui l'entraîne. »

L'équinoxe de printemps fut une époque funeste pour le duc : le redoublement de la fièvre réveilla ses maux chroniques et provoqua des engorgements au foie.

Dans le mois d'avril, des symptômes d'accélération de pouls, par intervalle, se joignirent à ce pénible état. Cependant une amélioration notable dans sa position lui permit quelques jours après de prendre l'air à cheval. Il répéta quelque temps cet exercice favori. Un jour s'étant obstiné à sortir par un temps froid et humide, il fut saisi par l'action du froid et courut longtemps de toute la vitesse de son cheval. Le soir, il se

rendit en voiture découverte à la promenade du
Prater, où il resta jusqu'après le coucher du soleil ; un accident même renversa sa voiture.
Cette journée imprudente fut suivie d'un violent
accès de fièvre et provoqua une fluxion de poitrine qui fut suivie des plus graves accidents,
notamment de la perte de l'ouïe de l'oreille
gauche.

Par ordre de l'empereur plusieurs consulta-
tions, où furent appelés les plus célèbres médecins de l'empire, eurent lieu à Vienne, et il fut
reconnu qu'une seule chance de salut restait au
prince, et qu'elle se trouvait dans un voyage en
Italie, principalement à Naples. La possibilité
d'un tel voyage causa au malade une grande
joie, attristée cependant par l'idée que la politique s'opposerait peut-être à son exécution. L'empereur était absent, on dut s'aboucher avec le
prince de Metternich pour obtenir son autorisation ; le prince l'accorda en ces termes : « Excepté la France, dont il ne dépend pas de moi de
lui ouvrir l'entrée, le duc de Reichstadt peut se
rendre dans quelque pays qui lui convienne. »

Le duc, satisfait de cette réponse, s'attacha

fortement alors à une espérance qui ne devait
pas se réaliser.

Des alternatives de soulagement et de souffrances signalaient la marche de la maladie, qui fut
rebelle à la science. Le duc de Reichstadt reçut
le saint-viatique avec amour et foi, en présence de
toute la famille impériale : l'empereur François
s'était retiré à l'extrémité de l'appartement pour
cacher aux regards sa douleur et ses larmes.

Une autre consolation était réservée au pauvre
malade : son auguste mère, quoique souffrante
elle-même, arriva à Schœnbrünn, le 24 juin, dans
la soirée. Elle voulut immédiatement se rendre
auprès de son fils; cette entrevue fut déchirante.
Les lèvres de la mère et du fils se pressèrent
dans un long et lugubre embrassement; sans
voix l'un et l'autre, ils n'avaient que des sanglots
et des larmes à se donner : tous deux étaient
comme anéantis. Marie-Louise put enfin maîtri-
ser son émotion. Depuis ce moment, maîtresse
de sa volonté, elle voua sans réserve tous ses
soins et tous ses instants à son enfant.

La population de Vienne, l'armée, toutes les
classes de la famille autrichienne prenaient un

vif intérêt à la situation du prince; à chaque heure du jour on interrogeait sur son état ceux qui pouvaient en donner des renseignements; des prières se faisaient dans les églises. Dans ce temps, un violent orage, accompagné d'éclairs et de tonnerre, s'abattit sur la ville et ses environs; la foudre renversa une des aigles impériales qui décorent et dominent le palais de Schœnbrünn; le peuple vit dans cette circonstance accidentelle un présage certain de mort...... La mort en effet veillait au chevet du fils de Napoléon.

Le prince s'affaiblissait de plus en plus; chaque fois que le temps le permettait, on le transportait dans une enceinte particulière des jardins de Schœnbrünn; le plus souvent on le plaçait sur le balcon de son appartement, pour donner à sa poitrine déchirée l'air qui lui manquait.

Le 21 juillet dans la matinée, ses souffrances devinrent si aiguës, que, pour la première fois, il avoua à ses médecins qu'il souffrait. Pour la première fois aussi il manifesta un profond sentiment de dégoût pour la vie : « Quand donc Dieu terminera-t-il ma pénible existence? » disait-il. Et il ajoutait en regardant l'image du Christ : « Que sa sainte volonté soit faite! » Dans ce moment même, Marie-Louise vint s'asseoir près de lui; il la regarda d'un œil mélancolique et doux, disant : « Rassurez-vous, ma mère, je vais mieux. » Pendant le reste de la journée, et quoiqu'il souffrît horriblement, il prit part à ce que l'on disait autour de lui, et parla même plusieurs fois avec intérêt du voyage qu'il devait faire à Naples.

Dans la soirée, le docteur Malfatti annonça que le malade touchait à ses dernières heures, et qu'il ne passerait probablement pas la nuit. Plusieurs personnages se disputèrent l'honneur de le veiller en ce moment suprême ; le baron de Moll, seul, resta dans la chambre à l'insu du prince, qui ne pouvait supporter l'idée que quelqu'un restât près de lui pendant la nuit.

A onze heures, le château de Schœnbrünn était plongé dans le plus complet silence. Marie-Louise, ignorant que son fils était irrévocablement condamné, s'était retirée dans son appartement... Elle priait ! répandant devant Dieu les larmes qu'elle avait contenues devant son fils. Le prince s'endormit d'un sommeil paisible : c'était le prélude du grand sommeil. A deux heures il sonna, et sur sa demande, son valet de chambre lui servit à boire. « Pauvre ami, lui dit le prince, que de peines je vous donne ! Prenez patience, allez, ce sera bientôt fini. » Il s'assoupit de nouveau. A trois heures et demie, il se leva tout à coup sur son séant et s'écria : « *Ich gehe unter !* » Je succombe ! je succombe... Ma mère ! A moi, ma mère ! Ce furent ses dernières paroles... Pendant que son valet de chambre soutient le prince dans ses bras, le baron de Moll court avertir la grande-maîtresse de Marie-Louise et l'archiduc François, que le duc avait prié de l'assister dans ses derniers moments. Tous accoururent éperdus. Marie-Louise tomba à genoux près du lit funèbre ; son fils respirait encore, mais il ne pouvait plus parler ; il reconnut cependant sa mère ; ses yeux éteints cherchèrent à lui exprimer les sentiments que ses lèvres ne pouvaient plus articuler... Le prélat qui l'assistait lui montra le ciel ; le prince leva les yeux pour répondre à sa pensée. A cinq heures huit minutes, il s'éteignit sans convulsions, dans la même chambre qu'avait occupée Napoléon triomphant, à la même place ou son père signa en con-

quérant un traité de paix qui lui fit espérer
dans un glorieux hymen la continuation de sa
dynastie, le jour anniversaire de l'acte qui avait
donné au jeune prince son dernier nom, son dernier titre, l'anniversaire du jour enfin où le duc
de Reichstadt apprit la mort de son père : c'était
le 22 juillet.

La nouvelle de la mort du fils du plus grand
capitaine des temps modernes se répandit rapidement à Vienne, ainsi qu'à la cour ; elle y causa
un deuil général, et provoqua des regrets universels. L'empereur François se trouvait à Lintz ; il
apprit la mort de son petit-fils avec une douleur
qui se manifesta par d'abondantes larmes.

« J'avais compté, dit cet auguste monarque,
que si la Providence ne devait pas le conserver
à ma tendresse, elle me donnerait au moins la
consolation de recevoir son dernier soupir. Puis,
il ajouta : Hélas ! je ne puis rien désormais pour
lui, mais du moins je suivrai les sentiments de sa
belle âme, je n'abandonnerai aucun de ses serviteurs ; je les prends tous auprès de moi. »

Le corps du duc de Reichstadt resta exposé sur
son lit de mort pendant toute la journée du di-

manche. Le lundi 23 juillet, on fit l'autopsie cadavérique : l'état des poumons, l'absence presque absolue du sternum, et la construction de sa poitrine comprimée, indiquant les causes de sa mort, démontraient que nul secours humain n'aurait pu prolonger son existence.

Dans la nuit du 24 juillet, le corps fut transporté à Vienne, en litière, à la lueur des flambeaux. Le peuple, averti par les serviteurs du château, voulut donner encore une preuve de sa sympathie au fils de Napoléon. Il suivit en foule et dans un religieux silence le convoi funèbre. Le corps fut déposé dans la chapelle attenant à l'ancienne partie du palais commencée par Ottocare et terminée par le fils de Rodolphe de Habsbourg.

Le 24, dès huit heures du matin, le peuple fut admis à contempler une fois encore les traits du prince, exposé dans une chapelle drapée de deuil et ornée de linteaux aux armes du duc de Reichstadt. Des prêtres offraient le saint sacrifice sur différents autels. Un double cercueil ouvert s'élevait au centre de la chapelle sur trois degrés recouverts de velours noir, ornés d'armoiries et

entourés de trois rangs de candélabres d'argent.
A droite, la couronne ducale et le collier de
Saint-Étienne étaient posés sur un coussin de
velours; à gauche, on voyait le chapeau militaire, l'épée et la ceinture de colonel. A la tête
du cercueil, une coupe et une urne d'argent ren-
fermaient le cœur et les entrailles qui, suivant
l'usage, devront être déposés dans la cathédrale
et dans l'église des Augustins. Des officiers allemands et hongrois, revêtus de leurs uniformes
étincelants d'or et de broderies, étaient immo-
biles aux quatre angles du cercueil. Le corps
du prince, exposé en bottes et en éperons, était
revêtu d'un pantalon bleu avec une bande d'argent, et d'un habit blanc avec ses décorations :
c'était l'uniforme du régiment où le prince avait
fait ses premières armes, et dont le prince
Gustave Wasa devint propriétaire après la
mort du comte Giulay. Bizarrerie du destin !
le fils de Napoléon le Grand servait dans le
régiment du fils du grand Gustave !

Lorsque l'heure des funérailles eut sonné,
un grand nombre de jeunes orphelins portant
des torches ouvrirent la marche, le régiment

de Wasa formait l'escorte d'honneur ; le cortége
se mit en mouvement. Le cercueil, fermé et
recouvert d'une large croix de drap d'argent,
fut déposé dans une voiture de forme antique,
recouverte de maroquin rouge et ornée d'une
broderie de clous dorés. Conduits en main par
des valets de pied aux livrées d'Autriche, six
chevaux richement caparaçonnés traînaient ce
char funèbre, précédé par une voiture de parade
où se trouvaient les prêtres chargés des funérailles religieuses. Les équipages de la cour,
les officiers du prince, sa maison tout entière
vêtue de deuil, suivaient le convoi. A la porte de
l'église sépulcrale, les capucins gardiens des
tombes impériales reçurent le corps, qui fut
porté dans le chœur, et de là, après les absoutes,
fut descendu dans les caveaux.

« Mon berceau et ma tombe seront bien rap-
prochés l'un de l'autre ; ma naissance et ma
mort seront donc toute mon histoire, » disait le
duc de Reichstadt quelques jours avant de
mourir. Ce cri de douleur n'était point l'expression d'un regret. Le prince a entendu
sonner sa dernière heure avec le courage du

soldat, la résignation du chrétien, et, qui le sait?... peut-être même avec l'indifférence du désenchantement. Le fils de Napoléon, à l'âme ardente comme son père, au cœur bouillant et impétueux, se trouvait à l'étroit sur la scène rétrécie que lui avaient faite les exigences ombrageuses de la politique; le jeune aigle manquait d'air et de soleil; son regard cherchait en vain de plus vastes horizons pour déployer ses ailes; privé du mouvement nécessaire aux organisations puissantes, la vie pour lui fut pâle et décolorée, mais elle ne fut point stérile; elle constitue une des pages les plus éloquentes de notre histoire. Paré d'un nom impérissable et d'incomparables qualités, le duc de Reichstadt a emporté dans sa tombe d'universels regrets, mais il a laissé sur la terre des souvenirs qui ne mourront point.

LA CHARITÉ DES PAUVRES

La mère Perronet de Feurs. — Le prix du sang. — Le crieur de
nuit. — Les vêpres en *plein champ*. — Un serviteur comme il y
en a peu. — L'Antigone de Montélimart. — Une femme avocat.—
Héroïsme de l'affection conjugale.

I

Il y a peut-être quelque chose de plus admirable encore que l'éclat des vertus fécondées par
la semence du bien dans le cœur de l'homme ;
c'est la persistance de la vertu du peuple se pro-
duisant, se renouvelant en soi, se succédant à
elle-même, ondulant, pour ainsi dire, à travers
tous les obstacles, toutes les difficultés, pour arriver à ses fins ; cette vertu modeste, ignorée,
improvisant, à l'ombre du clocher d'un village,

des actes héroïques de dévouement, d'abnégation et de charité ; la vertu en robe de laine, en veste de bure et en sabots, s'il nous est permis de nous exprimer ainsi.

Elle est digne d'admiration la grande dame qui s'en va incognito à la découverte des misères cachées dans les villes, pour répandre le superflu de son or sur le grabat du pauvre honteux ; mais elle est sublime cette humble fille du peuple, qui de rien se fait des ressources pour soulager, elle aussi, les souffrances qui gémissent à ses côtés ; cette femme, pauvre elle-même, qui prélève sur son nécessaire la dîme de la pauvreté, cette femme est un miracle de charité. Il n'y a pas un village, une commune en France, où il n'existe une de ces femmes créées selon l'esprit de Dieu, principe de toute charité. Que de beaux et touchants exemples ignorés des distributeurs des récompenses Montyon !

II

Il existe à Feurs, dans le département de la Loire, une pauvre vieille, âgée de soixante-

quinze ans, qui depuis plus de cinquante ans est
un prodige, un phénomène incessant de charité.
La mère Perronet, femme d'un simple maçon,
gagnant à la sueur de son front le pain de chaque
jour, que nous devons trouver dans le travail,
est à Feurs la providence du pauvre et des affligés. Son cœur est une source intarissable de
bienfaits, sa vie est un poëme de bonnes actions.
Depuis plus d'un demi-siècle, elle s'interpose à
Feurs entre la misère et le désespoir.

Lorsqu'elle a épuisé sa pauvreté en faveur de
plus pauvre qu'elle, la mère Perronet, se faisant
mendiante pour le compte d'autrui, s'en va frapper à la porte des riches pour leur demander, au
nom de Jésus-Christ, l'aumône qui doit leur ouvrir les portes du ciel..... Il faut voir alors avec
quel empressement elle est accueillie dans cette
bonne ville de Feurs. Pour ses chers pauvres les
riches lui donnent de l'or, les moins fortunés
partagent avec elle le pain mis en réserve sur la
planche du foyer domestique; les uns lui offrent
des vivres, des provisions de bouche, les autres
des vêtements chauds pour l'hiver; tous, dans la
mesure de leurs moyens, répondent généreu-

sement à son appel, car tous savent qu'elle exerce la charité avec une justice, une prudence, une sagesse de discernement égales à son amour pour les membres militants du divin Rédempteur.

Il n'y a pas un secret de charité que cette sainte femme ne connaisse; le jour est à peine levé, qu'elle se met *en campagne* pour continuer le cours de ses opérations chrétiennes. Général et soldat tout à la fois, elle exécute elle-même les mouvements stratégiques dont son cœur lui a donné l'initiative.

Dans cette maison basse et noire, dont les murs semblent suinter la misère, elle va combattre, par des moyens d'hygiène, la malpropreté d'une famille désolée... Elle lave, elle peigne, elle soigne de ses mains tremblantes, car, je vous l'ai dit, la mère Perronet est bien vieille, les pauvres enfants qui n'ont plus de mère; elle préserve leurs petits pieds contre les froids au moyen des bas de laine qu'elle leur a tricotés à la veillée.

Dans cette autre maison, éclairée le soir par la pâle lueur d'une lampe économique, elle s'en-

ferme pour veiller toute la nuit un pauvre malade,
pour lui donner les soins que réclame sa triste
position, pour lui prodiguer les consolations religieuses que le ciel accorde à ceux que la terre
abandonne... C'est encore elle qui, au besoin, sait
retrouver ses jambes de vingt ans pour aller
chercher en courant le prêtre qui bénit et par-
donne à l'heure de la mort. C'est une sainte et
bien admirable femme que la mère Perronet! .
Je me suis respectueusement incliné devant cette
humble femme du peuple comme devant le génie
et la majesté de la vertu.

III

C'était aussi un fils de Feurs et un pauvre enfant du peuple, cet Antoine Joly qui, en 1812,
inspiré par un sentiment de charité sublime, a
remplacé un nommé Poncet sous les drapeaux
de la France, pour verser dans la caisse de l'hôpital de Feurs le prix de sa liberté et de son
sang.

Ainsi que tous ses compagnons d'armes, An-

toine Joly fit des prodiges de valeur dans les
plaines glacées de la Russie... Inspiré par le
sentiment du patriotisme comme il l'avait été par
celui de la charité, le soldat chrétien se com-
porta bravement sous le canon de la Moskowa...
Plus tard aux sombres lueurs de l'incendie de
Moscou, sous la torche du comte Rostopchin, il
écrivit au pays cette admirable lettre :

« Un secret pressentiment me dit que je ne
reverrai pas la France, et que je mourrai en Russie; si ces pressentiments se réalisent, je désire
que ma mort soit utile au pays qui m'a vu naître;
à cet effet, je lègue à l'hôpital de Feurs la somme
de 3,100 francs que j'ai confiée à un notaire de
cette ville. Cette somme représente, à 100 francs
près, le prix de mon engagement volontaire en
remplacement du fils Poncet. »

Depuis ce jour, Antoine Joly n'a plus donné
de ses nouvelles... Quelques années plus tard,
en 1821, un de ses frères d'armes, échappé au
désastre de la Russie, et de retour en France,
après une captivité de neuf années dans la Russie
blanche, a confirmé à Feurs la nouvelle de sa
mort. Le pieux testamentaire avait trouvé un

glorieux sépulcre dans les glaces de la Bérésina.

Suivant ses dernières volontés, l'hôpital de Feurs a reçu le prix de son sang. Antoine Joly n'est plus... mais son souvenir vivra toujours dans le cœur de ses compatriotes. Les noms conservés par la reconnaissance publique sont impérissables !

IV

Voyez-vous ce beau vieillard de quatre-vingt et un ans, qui porte sur son front une couronne de cheveux blancs? me disait dernièrement un vénérable ecclésiastique qui avait bien voulu être mon cicerone dans une excursion à Saint-Rambert; cet homme occupera certainement un jour une belle place au ciel. Si vous me le permettez, ajouta-t-il, je vous conterai en quelques mots son histoire... Et sans attendre ma réponse, qu'il devinait sans doute, il commença en ces termes :

« La vie de cet homme de bien, calme et paisible comme le ruisseau qui coule dans la campagne sur une surface unie, n'a pas fait grand bruit dans le monde ; mais mieux vaut le ruisseau qui baigne en passant les fleurs de la prairie que le torrent qui descend avec fracas de la montagne... L'un fertilise, l'autre ravage.

» Maître Jean, c'est ainsi qu'on l'appelle, avait reçu de son père pour toute fortune une belle voix de baryton et la modeste charge de crieur de nuit, car il y a peu d'années que cette charge existait encore à .....

» Ainsi que l'avait fait son père pendant un demi-siècle, maître Jean, armé d'une lanterne et d'un bâton, criait ainsi les heures dans les rues :

> Réveille-toi, peuple chrétien,
> Réveille-toi, c'est pour ton bien ;
> Sors de ton lit, prends tes habits,
> Et pour les morts prie Jésus-Christ.

» De même aussi que l'avait fait son père, car la vertu chez le peuple se transmet par voie d'hérédité, de génération en génération, maître Jean avait adopté toutes les misères du pays. Sa maison, son champ, ses récoltes, étaient la maison, le champ et les récoltes des pauvres. Cumulant à la fois les fonctions de crieur de nuit, de maître

d'école et d'infirmier, il instruisait sans rétribu-
tion aucune les enfants des pauvres; il soignait
les malades et ensevelissait les morts, remplissant
avec le même désintéressement, en dehors de
ses autres attributions, la charge de juge de
paix volontaire; — il jugeait et juge encore aujourd'hui les différends survenus entre voisins;
il raccommode les ménages en brouille, rétablit la
paix et la bonne harmonie au sein des foyers
domestiques; il retient dans la bonne voie les
jeunes gens prêts à s'en écarter, et y ramène ceux
qui ont eu le malheur d'en sortir. Austère pour
lui-même autant qu'il est bon et indulgent pour
les autres, il met chaque jour en pratique tous
les préceptes du divin Maître... Sa vie résume
depuis le premier jusqu'au dernier jour de
l'année les dix commandements de Dieu..... et
chaque jour de l'année est pour lui une nouvelle
victoire achetée par un mérite de plus.

» Sans jamais avoir eu un goût prononcé pour
la carrière des armes, maître Jean a été soldat et
a fait un congé; quoique favorisé par le sort, il
eût été exempt du service militaire. Les sept années qu'il a passées sous les drapeaux lui vau-

dront toute une éternité de bonheur dans l'autre monde, car le jour où il a renoncé à la vie paisible de la famille pour celle des camps, il a porté jusqu'à l'héroïsme du sacrifice l'oubli des injures et le pardon des offenses. Ce trait seul de la vie de maître Jean vous fera connaître la grandeur de son âme.

» A l'époque de la Terreur, son grand-père avait recueilli plusieurs prêtres mis hors la loi par les décrets de la Convention contre les ministres du Seigneur. Dénoncé pour ce fait par un de ses voisins qui s'était jeté dans les excès de la Révolution, le digne homme paya de sa tête l'œuvre de salut dont il s'était fait l'instrument. Plus tard, le dénonciateur fut appelé à rendre compte de ses crimes devant le tribunal de Dieu. Maître Jean eut le bonheur de le réconcilier avec la religion par un de ces prêtres dont il s'était montré l'ennemi acharné. Il fit plus encore, il remplaça sous les drapeaux de la république un des enfants de celui qui avait livré son grand-père au bourreau de la Convention, et qui se trouvait être l'unique soutien d'une nombreuse famille. L'histoire des dévouements antiques n'a rien de plus beau

» A l'époque des inondations de la Loire qui ont fait tant de victimes en 1846, maître Jean, accourant au tocsin des campagnes, s'est distingué, malgré son grand âge, parmi les plus intrépides sauveteurs... et a disputé, au péril de sa propre vie, plus de vingt victimes à la mort. Compris dans la liste des récompenses offertes aux personnes qui s'étaient signalées par leur dévouement, il refusa la croix d'honneur, disant que la croix de bois était la seule que devait ambitionner un homme de son âge. »

— Ne pourrais-je pas avoir l'honneur de serrer la main de ce brave homme? demandai-je au prêtre lorsqu'il eut achevé son récit.

— J'ai prévenu votre désir, me répondit-il, en le priant de partager avec nous le modeste dîner que vous me permettrez de vous offrir...

J'acceptai cette gracieuse invitation avec un empressement justifié par le plaisir que me promettait et que devait réaliser cette bonne fortune. Chaque fois qu'on parlera devant moi d'un homme de bien, le nom de maître Jean se présentera à ma pensée.

V

Voici dans toute son aimable simplicité un acte de charité, qui n'a rien d'héroïque et rien de bien nouveau, mais qu'on aime à entendre raconter et qu'on trouve plaisir à redire.

La veuve Matagrin possède sur les bords de la Loire un petit champ, que jusqu'à ce jour elle a ensemencé et moissonné de ses propres mains. Les récoltes de chaque année suffisaient largement à ses besoins, elle avait même toujours en réserve quelques mesures de blé pour les indigents. Aussi Dieu lui rendait-il au centuple ce qu'elle donnait aux pauvres. Cette année surtout son champ béni portait les plus beaux épis qu'on eût jamais vus ; la moisson s'annonçait sous les plus belles apparences.

Sur ces entrefaites la pauvre veuve, parvenue à l'âge de soixante-dix ans sans infirmités, fut obligée de se mettre au lit à la suite d'un refroidissement, et au moment même de songer à récolter le fruit de ses labeurs. La moisson de ses voisins était depuis plusieurs jours réunie sur l'aire, que la sienne attendait encore la faucille des travailleurs.

La veuve Matagrin, étendue sur son lit de douleur, recommandait son champ à tous les saints du Paradis, car elle était trop pauvre pour pouvoir payer des mercenaires.

En attendant, ses beaux épis dorés menaçaient de griller sur leurs tiges

Le dimanche, premier août, à la messe, le curé de la commune où la pauvre veuve avait son domicile adressa à ses paroissiens, après le dernier Évangile, l'allocution suivante :

« Mes enfants,

» Vous savez que la veuve Matagrin n'a jamais refusé de bonnes paroles aux affligés, et des gerbes de froment aux malheureux. Aujourd'hui la Providence l'éprouve et l'afflige à son tour... Je connais assez votre bon cœur pour être certain que vous lui viendrez en aide à l'heure de son affliction...

» Les nuages dont le ciel s'est couvert ce matin nous annoncent un prochain changement de temps, et les récoltes de la Matagrin sont encore debout... Plusieurs d'entre vous, mes enfants, sont venus me trouver à la sacristie pour me demander la permission de les moissonner, aujourd'hui dimanche, et de les rentrer avant l'orage. Ils m'ont assuré en outre que vous étiez disposés à partager avec eux la peine et les mérites de cette bonne œuvre. A vous tous donc je donne rendez-vous à la croix du *Sentier-Fleuri*, à une heure précise ; jamais labeur n'aura été plus agréable à Dieu. »

A une heure précise, la population entière du village, hommes, femmes et enfants, se trouvait à la croix du *Sentier-Fleuri*, qui servait de limite au petit champ de la mère Matagrin. Le bon curé, le premier au rendez-vous, releva les pans de sa soutane, remplaça son chapeau d'ordonnance par un chapeau de paille, s'arma d'une faucille et donna le signal. Au même instant les moissonneurs et les moissonneuses se mirent à l'œuvre en entonnant un cantique, digne accompagnement de leur bonne action. Ce fut alors un curieux et touchant spectacle que celui de cette petite armée de travailleurs parcourant en lignes droites le champ qu'ils moissonnaient. Les épis tombant comme grêle sous leurs faucilles faisaient plaisir à voir. Le chant des cantiques, les discours joyeux qui servaient d'encouragement au zèle de ces braves gens, étaient doux à entendre. Tous songeaient à la joie qu'éprouverait la mère Matagrin en voyant sa besogne faite. Cette pensée doublait leurs forces et leur courage. A l'air de contentement qui brillait sur leurs fronts, il était facile de deviner que leur ardeur s'animait du sentiment de la bonne action dont ils avaient eu le matin même l'heureuse initiative.

Lorsque les gerbes furent liées et prêtes à rentrer, le bon curé, mettant son étole sur sa soutane, dit à ses paroissiens : « Maintenant, mes enfants, nous allons chanter les vêpres ; ce champ, arrosé et béni par vos sueurs, nous servira d'église, et, pour voûte, cette église aura le ciel. » A la vue des éclairs qui commençaient à briller au loin, il aurait pu ajouter : Ces longs serpents de feu remplaceront les cierges de l'autel.

Lorsque le dernier psaume de ces vêpres chan-

tées en plein champ fut achevé, le vénérable
prêtre remercia, en quelques paroles bien sen-
ties, ses généreux paroissiens, et sur leurs fronts
courbés il étendit sa main pleine de bénédictions.

Le soir même la moisson était à l'abri du mauvais temps. Alors les bons paysans, prévoyant le
cas où l'âge et la maladie empêcheraient la veuve
Matagrin de reprendre le cours de ses travaux,
prirent la résolution de cultiver à tour de rôle et
par des corvées volontaires le champ modeste
qui la faisait vivre. Ce beau dimanche du
1er août 1857, tout fut bénéfice au village des
bords de la Loire, tout et pour tous, excepté
pour le diable et le cabaret.

VI

M. X..., riche propriétaire du Forez, jouissait
de l'estime générale, et il la méritait, car c'était
un homme de bien dans toute l'acception du mot.
Sa vie s'écoulait dans la pratique de toutes les
vertus chrétiennes, et il considérait comme per-

due la journée où, par ses conseils et par sa fortune, il n'avait pu rendre service à quelque
malheureux.

Dans ces derniers temps, cet homme si sage,
si prudent, si bien réglé dans toute sa conduite,
ne put résister à l'entraînement qui poussait toutes les ambitions vers l'inconnu des entreprises
industrielles. Hâtons-nous de dire que l'ambition
de X... ne ressemblait en rien à celle des hommes cupides qui désirent la richesse pour satisfaire de coupables instincts, de mauvaises passions, et qui ont assez peu d'estime d'eux-mêmes
pour escompter au besoin leur âme pour de l'or...
Non, X... n'estimait, n'appréciait, ne désirait un
accroissement de fortune qu'au point de vue du
bien qu'il lui permettrait de faire par l'augmen-
tation de ses ressources. X... se lança donc
dans les affaires. D'abord, la chance lui fut favorable ; il commença par réaliser d'importants
bénéfices : séduit par ces premiers succès, il devint plus entreprenant, et ne tarda pas à se livrer
entièrement aux hasards de la spéculation. X...
n'était point né pour les affaires, dont il n'avait
d'ailleurs aucune expérience... Bientôt cette

chance, qui semblait ne l'avoir caressé d'abord
que pour mieux le tromper, lui devint contraire,
et, un jour qu'il se croyait deux fois millionnaire,
il rencontra dans ses comptes un déficit énorme,
une ruine complète. Le court espace d'une année
avait suffi pour le réduire à la dernière misère.

A cette époque, il se trouvait au nombre de
ses serviteurs un brave homme nommé Maurice,
qui s'était distingué entre tous par sa bonne conduite, son affection, son dévouement à la personne et aux intérêts de son maître.

Seul aussi entre tous, Maurice resta fidèle à la
mauvaise fortune de X..., quand les jours de
l'épreuve furent venus pour lui. Il redoubla
même de zèle, de dévouement et d'affection. Ces
bons sentiments furent impuissants à combattre
le profond chagrin qui, s'emparant de l'âme de
son malheureux maître, menaçait d'abréger ses
jours. Ce que X..., regrettait le plus dans le changement de sa position, ce n'était point le bien-être
auquel il avait été forcé de renoncer, c'était la
jouissance de continuer le bien qu'il avait fait
toute sa vie. La vue d'une souffrance, d'une misère que, devenu pauvre lui-même, il ne pouvait

plus secourir, lui arrachait des larmes de désespoir.

Un matin que le fidèle Maurice était entré dans
sa chambre pour faire son service accoutumé, il
la trouva déserte. Une lettre à son adresse était
tout ouverte sur le bureau de son maître ; il s'en
empara et lut, avec le sentiment d'un profond
désespoir, les lignes suivantes :

« Mon cher Maurice,

» Je te remercie de tes bons et loyaux services. Le bon Dieu qui lit dans mon cœur tout ce
que j'éprouve pour toi, se chargera d'acquitter
ma dette de reconnaissance. Irrévocablement décidé à me retirer du monde, où désormais je ne
serais plus qu'un membre inutile, j'abandonne les
débris de ma fortune à mes créanciers, et je leur
demande humblement pardon pour le tort que
j'ai pu leur faire. Ma vie ne sera pas assez longue
pour déplorer ma fatale ambition. Adieu, cher
Maurice, nous nous retrouverons dans un monde
meilleur pour ne plus nous séparer. Adieu. »

Pendant plus d'une année, Maurice, désolé, fit

des recherches pour retrouver son maître ; mais elles furent toutes inutiles ; il les continua jusqu'au jour où, désespérant de découvrir sa retraite, il obtint une place au chemin de fer de Lyon à Saint-Étienne.

Dans cette modeste position, il remplit avec zèle, comme par le passé, ses devoirs de bon travailleur et de parfait chrétien. En souvenir de son maître, il faisait aux pauvres et aux malheureux tout le bien que lui permettaient ses faibles ressources. A défaut de l'argent qui lui manquait, il faisait l'aumône de consolantes paroles.

Un jour, un de *ses amis*, c'est ainsi qu'il appelait les pauvres et les affligés, lui parla d'un homme bien isolé, bien triste, bien malade, bien digne de pitié, et vivant dans une mansarde auprès de la sienne, à l'extrémité d'une rue retirée de Saint-Étienne. Cet homme, miné par un profond chagrin sans doute, fuyait le grand jour et le regard des hommes ; il ne sortait que rarement, et toujours la nuit.....

Maurice, poussé par un secret pressentiment, courut aussitôt à la mansarde indiquée... La clef était sur la porte ; il l'ouvrit sans frapper, et se trouva tout à coup en face de X..., son ancien maître, étendu sur un méchant grabat, recouvert à peine par un vieux lambeau de laine grise.

— C'est vous que je retrouve ainsi, mon excellent maître ! s'écria-t-il en joignant les mains et en fondant en larmes ; béni soit Dieu qui m'a fait connaître votre demeure ! Ah ! je ne vous perdrai plus, mon bon maître !

Le jour même, X... fut installé dans la chambre de Maurice, où il ne tarda pas à recouvrer sinon la santé, du moins un adoucissement notable à ses souffrances. Il fallait voir avec quel empressement, avec quelle sollicitude Maurice s'appliquait à étudier le moindre de ses désirs pour le satisfaire aussitôt qu'il l'avait deviné ; il se privait avec joie du nécessaire, pour l'ajouter au bien-être qu'il s'efforçait de faire à X... Pendant plus de dix-huit mois il ne but que de l'eau, pour procurer matin et soir une ration de bon vin au pauvre valétudinaire. Rien ne peut se comparer à l'ardeur avec laquelle il travaillait pour subvenir à tous ses besoins.

Pendant trois ans, Maurice a vécu de cette vie de sacrifices et de dévouement... Il aurait voulu, au prix de ses jours, prolonger ceux de **X...**, dont la santé délabrée lui donnait des inquiétudes justifiées par les symptômes les plus alarmants. **X....** mourut dans ses bras à la fin de décembre 1856.

Depuis ce jour, le fidèle Maurice n'a plus de joie en ce monde ; le temps, qui, dit-on, efface les plus vives douleurs, semble raviver ses regrets... Le souvenir du maître qu'il a perdu une seconde fois, mais qu'il ne retrouvera plus qu'au ciel, est écrit avec des larmes dans son cœur... Il traîne péniblement sa vie, en disant que l'existence lui paraît un fardeau bien lourd depuis qu'il n'a plus son bon maître à servir.

Le travail et la prière voilà son unique consolation... Heureux ceux qui travaillent et qui prient, car ils seront consolés dans leur affliction !

VII

Pierre-Michel, simple vigneron, n'aurait pas changé sa serpe contre le sceptre d'un roi, parce que, dans la modeste chaumière couverte en chaume qu'il habitait à l'entrée de la ville d'Andancette, il possédait, à défaut de la fortune, le cœur de femme qui, joint à une chaumière, constitue, dit-on, le bonheur de ce monde.

Suzanne-Marie, de son côté, se croyait heureuse autant qu'une reine doit l'être, parce que, dans *son homme,* elle avait trouvé des bras de fer pour le travail de la vigne, et un cœur d'or pour la richesse de la chaumière.

Pierre-Michel et Suzanne-Marie semblaient avoir été faits de toute éternité l'un pour l'autre. Pieux tous deux comme des anges, honnêtes comme la probité même, affectueux l'un pour l'autre comme de bons époux, ils ne désiraient plus qu'une seule chose pour le complément de leur bonheur... des enfants... La Providence leur en accorda trois en cinq ans, trois garçons superbes, gros et gras à faire craquer leurs langes.

— Voilà des gaillards qui nous feront honneur, disait chaque soir Pierre-Michel en les faisant sauter sur ses genoux pour se reposer des pénibles labeurs d'une longue journée... nous en ferons, nous, de bons Français.

— Et de bons chrétiens, ajoutait en les em-
brassant Suzanne-Marie. Pour devenir de bons
Français et de bons chrétiens, les trois garçons
étaient à bonne et excellente école.

Tous les désirs de l'heureux couple, vivant en
paix dans l'amour et la crainte du Seigneur,
étaient exaucés. Il avait de beaux enfants, leur
vigne, bénie par la sueur d'un travail offert à
Dieu, produisait les plus beaux raisins du pays.
Les quelques onces de vers à soie que Suzanne-
Marie faisait dans la saison des mûriers, augmen-
taient chaque année leurs petits revenus... Une
belle vache noire dans l'étable, des poules fécon-
des dans la basse-cour, des légumes et des fleurs
dans le petit jardin contigu à la chaumière, com-
plétaient la somme d'un bien-être justifié par la
pratique de toutes les vertus chrétiennes.

Mais, de même que le temps, le bonheur de
ce monde a ses inconstances. Un soir, en revenant de sa vigne, Pierre-Michel, surpris par un
violent orage, accompagné de grêle et de tonnerre, se mit à l'abri sous un gros arbre... Un
instant après un large éclair déchira la nue, le
vigneron ressentit une commotion terrible et se

trouva tout à coup plongé dans les ténèbres. Par
un de ses phénomènes bizarres, la foudre l'avait
frappé de cécité, sans lui faire aucun autre
mal. Le désespoir de Pierre-Michel, privé subite-
ment de la lumière, si nécessaire à l'homme
obligé de gagner sa vie à la sueur de son front,
fut immense comme la douleur de sa femme en
le voyant revenir aveugle, lui qui n'avait jamais
eu que de tendres regards pour elle... Hélas! les
jours mauvais commençaient pour cette famille
dont l'affection mutuelle semblait défier le
malheur. La religion seule pouvait les consoler
dans l'amertume de leur affliction... Pierre-Michel, le premier, donna l'exemple de la résignation à la volonté de Dieu... « Je ne vous verrai
plus, mes chers bien-aimés, disait-il à sa femme
et à ses enfants, mais vous serez là, près de moi,
et votre voix remplacera le bonheur que votre
vue donnait à mes regards : de cette manière, je
vous verrai toujours avec les yeux de mon
cœur... »

« Chers bien-aimés, » disait-il parfois encore :
« qu'allez-vous devenir, maintenant que, réduit
à une déplorable inaction, je ne pourrai plus

travailler pour vous ?... Si Dieu nous aime
comme nous l'aimons, il me rappellera à lui
pour que je ne sois pas longtemps à la charge
de ma pauvre Suzanne. »

Suzanne-Marie lui fermait la bouche avec un
baiser et le consolait par de douces paroles.
« Rassure-toi, mon ami, lui disait-elle... Celui
qui mesure l'épreuve à notre force ne nous
abandonnera pas. Aux oiseaux sous la feuillée
Dieu conserve la mère, quand leur père, frappé
d'un coup mortel, n'est plus là pour leur donner la pâture de chaque jour. Je serai forte pour
nous tous, sois-en sûr... Nos garçons aussi com-
mencent à devenir forts, bientôt ils m'aideront
à porter le fardeau des soins du ménage ; déjà
même ils me rendent des services proportionnés
à leur âge... Dieu, qui nous aime comme nous
l'aimons, exaucera nos prières ; il te conservera
longtemps à notre amour. »

Il y a dans la volonté de la femme chrétienne,
aux jours de l'épreuve, une surabondance
d'action qui la rend capable des plus héroïques
dévouements, une puissance d'énergie qui for-
tifie sa faiblesse, et la met au niveau de ses

devoirs d'épouse et de mère. Suzanne-Marie, devenue le chef de la famille, accepta courageusement la position nouvelle que lui avait faite la cécité de son mari... elle en examina sans défaillance toutes les difficultés, et se résigna à la lutte avec une ardeur digne de sa grande âme.

Trop pauvre pour payer des mercenaires, elle se fit homme pour travailler elle-même à la vigne qui constituait leur principale fortune... En même temps elle cultivait de ses propres mains une terre que son mari avait affermée quelques jours avant son cruel accident. La nuit, se faisant infirmière pour augmenter les ressources de sa famille, elle veillait et soignait les malades de la ville; elle se multipliait en quelque sorte, pour faire face à toutes les exigences de sa pénible position. Elle trouvait dans l'accomplissement de ses devoirs une si douce satisfaction, que les plus durs sacrifices lui paraissaient faciles. Elle était en tout si forte, si courageuse, si *vaillante*, qu'on eût dit, à la voir travailler ainsi le jour et la nuit, que la Providence avait reversé sur elle toutes les facultés dont elle avait déshérité Pierre-Michel, en le privant de la vue. Il y a vraiment des grâces d'état pour toutes les conditions.

Malgré ses nombreuses et pénibles occupations, elle tenait son ménage avec un soin, un ordre, une propreté admirables... elle entretenait la toilette de ses enfants et de son pauvre aveugle dans un état de décence qui aurait pu servir de modèle à des familles bien plus riches que la sienne. Jamais son mari n'avait été mieux vêtu... jamais son linge de corps n'avait été plus blanc... Suzanne-Marie était tout à la fois ménagère, vigneron, laboureur, blanchisseuse, couturière et garde-malade.

Chaque matin, avant d'aller au champ ou à la vigne, elle conduisait ses enfants à l'école et venait reprendre son mari pour l'accompagner à la première messe... Elle était admirable à voir cette jeune femme, guidant ainsi les pas de son cher aveugle vers l'église voisine, où les yeux de Pierre-Michel, fermés à la lumière du jour, semblaient s'ouvrir à celle de la grâce, en même temps que ses lèvres, à l'unisson de son cœur, chantaient les louanges de Dieu.

Suzanne-Marie ne se contentait pas de cultiver
la vigne et la terre affermée de la famille, elle
apportait de plus grands soins encore à la cul-
ture du cœur de ses enfants; elle semait chaque
jour dans ces jeunes cœurs, terrain fertile, le
germe des mâles vertus qui devaient un jour
en faire des hommes de bien et des citoyens
utiles au pays.

A mesure qu'ils avançaient en âge, les dispositions de ces enfants privilégiés se dessinaient
avec une précision qui indiquait d'avance les
diverses carrières où la Providence semblait les
appeler.

L'aîné, mûri le premier sous les vents de
l'adversité, avait compris tout ce qu'il y avait
de saint et de sublime dans l'héroïque dévouement de sa mère... Aussi, dès que la voix d'une
raison précoce eut parlé dans son âme, il lui
avait répondu : « Comme fils aîné de ma famille,
je n'aurai point d'autre état que celui de mon
père... Je suis né paysan, je mourrai paysan. »
De ce moment, il se voua tout entier à la noble
profession de l'agriculture.

Ses deux frères montraient des dispositions

tout opposées; le second, à la vue d'un régiment de passage à Andancette, avait éprouvé,
comme Achille à la vue des armes exposées
sous ses yeux, une ardeur qui lui révéla tout
à coup sa brillante destinée. « Je serai soldat... » dit il à son père... En effet, à peine eut-
il atteint l'âge voulu par la loi pour les enrôle-
lements volontaires, qu'il s'engagea dans un
régiment d'infanterie, parce que cette arme, lui
avait-on dit, offrait les chances d'un avancement
plus rapide à chacun des braves qui portent dans
leur giberne le bâton de maréchal de France.

Le troisième, doué de mœurs plus douces,
n'ambitionnait d'autre gloire que celle du ciel.
Il s'était fait remarquer, par ses heureuses
qualités, d'un respectable prêtre dont chaque
matin il servait la messe avec une ferveur angé-
lique... Il lui inspira même un intérêt si grand,
que ce bon ecclésiastique se chargea de lui
apprendre les sciences nécessaires au sacerdoce.
L'enfant répondit avec une intelligence telle aux
leçons du maître, il lui montra pour l'état ecclésiastique une si grande vocation qu'il le fit entrer
dans un séminaire.

Dans ces enfants, dans la prospérité croissante de sa maison, Dieu bénissait les efforts, le courage, l'admirable conduite de la mère de famille. Indépendamment d'un secours alimentaire de douze francs par an que lui faisait le bureau de bienfaisance d'Andancette, plusieurs personnes vinrent à son aide par des avances qui, sagement utilisées, lui permirent de réaliser quelques bénéfices. Chaque année, la soie de ses cocons, les raisins de ses vignes, les épis de son champ de blé étaient si beaux, qu'ils auraient figuré dignement à une exposition d'agriculture.

Sûre de pouvoir désormais faire face aux exigences de sa position, Suzanne-Marie alla trouver le maire d'Andancette, remplissant les fonctions de président du bureau de bienfaisance, et lui dit :

— Pour m'aider à élever ma petite famille, vous m'avez donné pendant dix années un franc par mois.

— J'aurais voulu pouvoir faire davantage pour vous, lui répondit le maire, car vous êtes une noble femme, et votre conduite est digne d'éloges.

12

— Vous avez fait pour moi plus que je
n'aurais osé vous demander, répliqua Suzanne-
Marie... Aussi c'est de tout cœur que je vous
remercie pour le bien que vous nous avez
fait. En même temps, je vous prierai, monsieur
le Maire, de disposer, à l'avenir, en faveur
de plus pauvres que nous, des secours que le
bureau de bienfaisance nous accordait chaque
mois.

— Vous êtes une généreuse et sainte femme,
lui dit le maire....

— Un franc par mois pendant dix ans, reprit Suzanne-Marie, fait, si je ne me trompe,
une somme de cent vingt francs... en voici
soixante; dans un an, je vous apporterai le
reste... Disant ainsi, elle déposa douze pièces
de cinq francs sur le bureau du maire.

Vainement celui-ci disant que c'était un don
et non point un prêt que le bureau de bienfaisance lui avait fait, la supplia, lui ordonna
même de reprendre ses soixante francs; Suzanne-Marie, inébranlable dans ses résolutions,
se retira laissant en admiration le président
du bureau de bienfaisance.

L'année suivante, ainsi qu'elle l'avait promis, elle fit entre les mains du maire un nouveau versement de soixante francs, complétant ainsi la somme de cent vingt francs que pendant dix années elle avait reçue à titre de secours.

D'un autre côté, elle restitua aux personnes généreuses qui l'avaient assistée dans ses besoins le montant intégral des avances qu'elle en avait reçues.

. . . .

Tant de persévérance dans l'œuvre de dévouement qu'elle s'était proposée, tant de courage dans la lutte, tant de noblesse dans les sentiments devaient avoir leur récompense. Pierre-Michel et Suzanne-Marie, sans être riches, vivent aujourd'hui dans une honnête aisance;... la femme, débarrassée des soins du ménage, s'occupe uniquement de son cher aveugle... Pour le distraire dans ses nuits sans fin, elle a eu le courage d'apprendre à lire couramment dans tous les livres; mais dans le choix de ses lectures elle préfère ceux qui, par une douce et tendre morale, élèvent et consolent les cœurs au lieu de blaser et de pervertir l'esprit.

Il y a des moments où, en écoutant sa femme, Pierre-Michel ne croit plus être aveugle.

Le fils aîné de cette honnête famille a pris une femme intelligente, vertueuse et relativement riche... La tendresse des deux époux pour leurs vieux parents est un culte de vénération.

Le second fils, engagé volontaire dans un régiment d'infanterie, s'est élevé par son propre mérite, sans autre protection que celle de son courage, de sa bravoure et de sa bonne conduite, de simple soldat au grade de chef de bataillon, et a été nommé officier de la Légion d'honneur sous les murs de Sébastopol.

Le troisième fils a fait de son côté un chemin non moins rapide dans la carrière des ordres sacrés, il est premier grand-vicaire d'un diocèse important.

L'agriculteur, l'officier supérieur, le grand-vicaire, assurent qu'ils ont trouvé dans les exemples de leur admirable mère la source de leur fortune.

VIII

Dans le courant du mois de mai de l'année 1819, la cour d'assises de la Haute-Loire condamna Jacques Gallaud et Régis Rispail, tous deux propriétaires à Dunières, canton de Monfaucon, à la peine des travaux forcés à perpétuité, pour avoir donné la mort à Jean Courbon, aussi propriétaire de la même commune.

D'après l'opinion publique, le meurtre, commis dans un cabaret à la suite de nombreuses libations, et au moyen d'une bouteille pleine de vin introduite par son goulot dans la bouche de la victime, était involontaire... Les jurés jugèrent le fait différemment. La condamnation des accusés comme meurtre volontaire fut prononcée et l'arrêt exécuté. Gallaud et Rispail, marqués par la main du bourreau des lettres T. P., furent conduits au bagne de Toulon. L'instruction avait duré plus de deux ans.

Cette affaire avait produit une immense impression dans le pays, une impression augmentée, à la condamnation des accusés, par l'intérêt qui s'attache aux malheureux. Courbon, la victime, aimé de son vivant, regretté après sa mort, était un parfait honnête homme.

Gallaud et Rispail, les condamnés, étaient également d'honnêtes gens; aussi, après le départ de la victime pour le cimetière et celui des meurtriers pour le bagne, les influences qui avaient été mises en jeu pendant l'instruction de l'affaire continuèrent de s'agiter de part et d'autre.

Les femmes Gallaud et Rispail, âgées de vingt-huit à trente ans, étaient sœurs. Convaincues de l'innocence de leurs maris, et s'inspirant mutuellement de leurs devoirs d'épouses et de mères, elles entreprirent une œuvre immense. Elles résolurent de rendre leurs maris à la société, après avoir fait proclamer leur innocence.

A cet effet, elles partirent à pied pour Paris, afin de faire agir de hautes influences près desquelles, simples femmes de campagne, elles espéraient pouvoir arriver au moyen des lettres de recommandation qu'elles s'étaient procurées. L'une d'elles, la femme Gallaud, eut le bonheur d'être présentée à madame la duchesse d'Angoulême, qui non-seulement l'accueillit avec bonté, mais qui lui promit sa protection auprès du roi Louis XVIII...

Encouragées par la promesse de l'auguste princesse, les deux femmes revinrent à pied au pays, et recommencèrent de nouvelles démarches pour découvrir quelque point lumineux dans cette ténébreuse affaire. D'indices en indices, elles finirent par avoir la conviction profonde que la déposition du témoin qui avait le plus contribué à la condamnation de leurs époux était l'effet d'une infâme malveillance... Elles portèrent plainte en faux témoignage contre un nommé Claude Peyrache, renvoyé immédiatement devant la cour d'assises du Puy-de-Dôme, où, reconnu coupable, il fut condamné à la peine des travaux forcés, par arrêt rendu le 26 mai 1821.

La condamnation du faux témoin entraînait nécessairement la révision du procès; les dispositions de l'art. 445 du Code d'instruction criminelle recevaient leur application.

Les femmes Gallaud et Rispail se rendent, aussitôt après cette condamnation, et pour la seconde

fois, à pied à Paris. Là, agissant comme cura-
trices de leurs maris condamnés, elles opèrent
des prodiges de courage, d'énergie et d'activité;
elles font face résolûment à toutes les difficultés;
elles triomphent de tous les obstacles, un bon
génie veille sur elles; la duchesse d'Angoulême
les couvre de sa protection; enfin, le 9 août
1821, elles obtiennent un arrêt de la Cour de cas-
sation qui ordonne la révision du procès, et ren-
voie les accusés devant la Cour d'assises de la
Loire.

La femme Gallaud court se jeter aux pieds de
la duchesse d'Angoulême, sa protectrice, et là
une scène attendrissante a lieu entre ces deux
femmes, princesses toutes deux, l'une fille de
France, par la naissance et le cœur; l'autre, enfant du peuple, princesse aussi par la noblesse de
son âme.

De retour en leur pays, nos deux émules en
dévouement continuent, suivant l'expression de
la femme Rispail, à *remuer ciel et terre*. La femme
Gallaud se sent possédée (elle l'a dit elle-même)
de l'Esprit-Saint. Le fait est qu'en moins de six
semaines, ne connaissant pas, au point de dé-

part, une seule lettre de l'alphabet, elle apprend à lire et à écrire, bien plus, elle apprend la science plus difficile encore du droit. Elle écrit et rédige avec un art d'argumentation, avec une logique d'appréciation, avec une éloquence digne d'un jurisconsulte accompli, des mémoires, des pièces justificatives, des notes, des documents habilement groupés. Elle fait jaillir sous sa plume, inspirée comme son cœur, des torrents de lumière pour éclairer le jugement et l'esprit des hommes appelés à prononcer sur le sort défi-nitif de son mari et de son beau-frère. Elle étonne par l'élévation de ses vues, par la gran-deur de ses pensées, par la profondeur de ses arguments, par l'élégance même de son style pittoresque, imagé, par la verve enfin de son éloquence, le fameux Bayle, qui, pour la défense de son mari, devait lui prêter le secours de son talent.

« En vérité, » dit-il, un jour, à plusieurs de ses confrères, « il ne manque à cette femme, pour marcher de pair avec nos plus célèbres avocats, qu'une toge et un bonnet de docteur. »

La curiosité excitée par l'intérêt général qu'ins-

pirait cette héroïne était immense ; chacun attendait avec une impatience mêlée d'anxiété l'ouverture des assises, fixée au 1er décembre 1821...
De toutes les villes voisines, la foule accourait
pour assister aux débats de cette surprenante
affaire ; des membres distingués du barreau de
Lyon même entreprirent le voyage de Montbri-
son, pour suivre eux aussi ces débats intéres-
sants.

Le 1er décembre, la femme Gallaud et sa
sœur, convaincues de la justice de leur cause et
de l'innocence de leurs maris, mais ayant appris,
depuis peu, ce mot d'un célèbre avocat : « Si
ton procès est mauvais, espère ; s'il est bon,
crains, » voulurent mettre sous la protection
divine la justice de leur cause et l'innocence de
leurs maris. Elles communièrent avec amour et
foi, et restèrent prosternées au pied des saints
autels jusqu'au moment fixé pour l'ouverture de
l'audience.   .   .   .   .

.   .   .   .

Les débats durèrent trois jours... Le 3 décembre, la cour d'assises, convaincue de l'innocence de Gallaud et de Rispail, rendit un arrêt

d'acquittement en faveur de ces deux condamnés, qui, sans le courage, la persévérance, le dévouement sublime de leurs femmes, seraient probablement morts dans l'ignominie du bagne.

En lisant ce récit, ne vous a-t-il pas semblé, chers lecteurs, que l'axiome éminemment français : *Vouloir, c'est pouvoir*, a été inventé pour la femme chrétienne? Au cœur de la femme, qui, dans l'accomplissement de ses devoirs et dans sa vertu basée sur la religion, trouve l'inspiration des grandes choses, la volonté est le levier que cherchait Archimède pour soulever le monde.

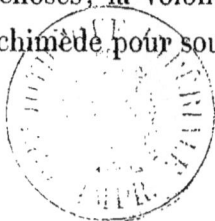

PARIS. — IMPRIMERIE ÉDOUARD BLOT, RUE SAINT-LOUIS, 16.

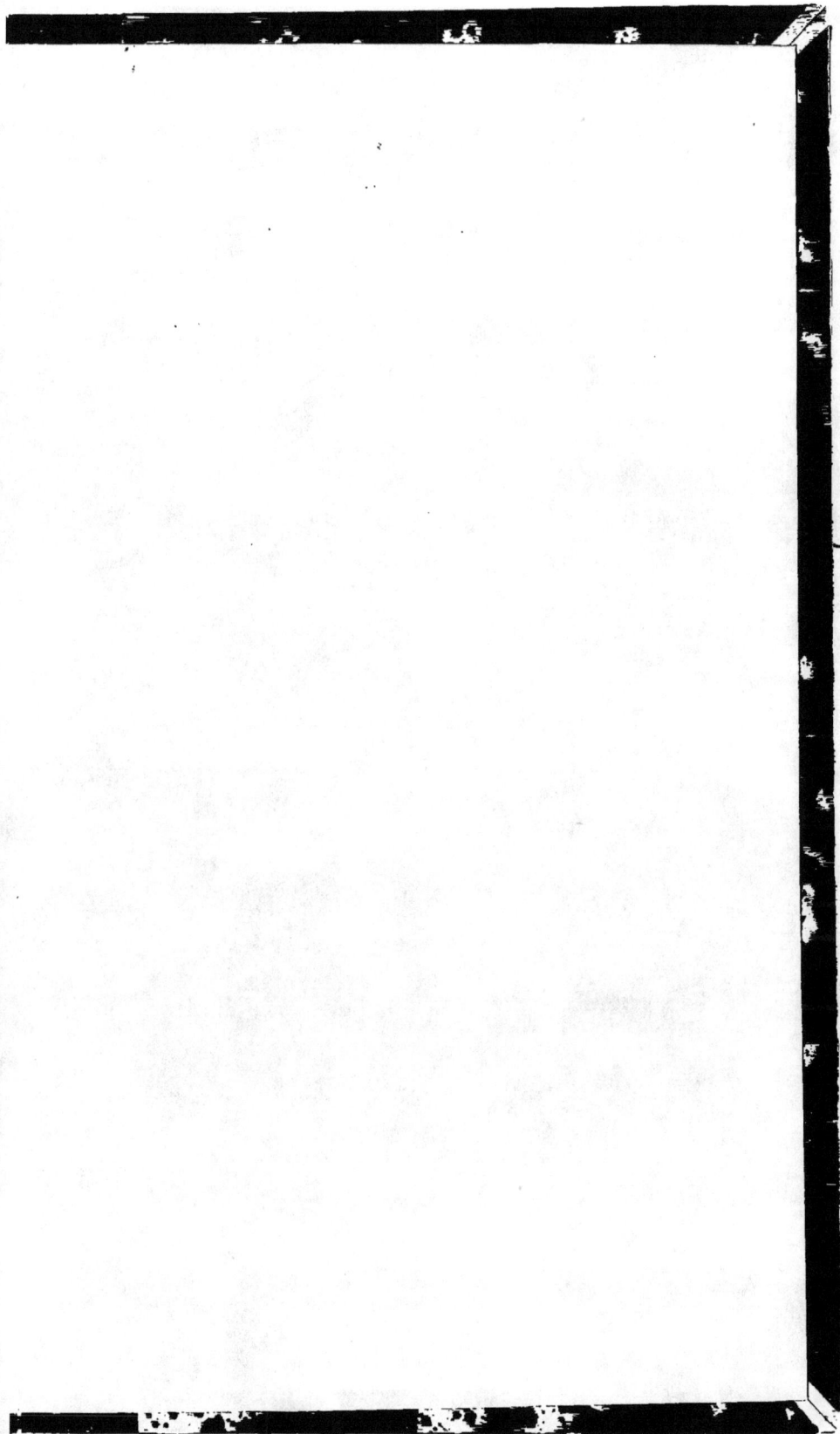

BIBLIOTHEQUE NATIONALE DE FRANCE

3 7531 04147562 6

www.ingramcontent.com/pod-product-compliance
Lightning Source LLC
Chambersburg PA
CBHW072002090426
42740CB00011B/2044